Sprache ist alles

Zeitgenössische Lyrik von A bis Z

Von Aichinger bis Zornack

Ilka Scheidgen

SPRACHE IST ALLES

Zeitgenössische Lyrik von A bis Z

Von Aichinger bis Zornack

*Bibliografische Information der Deutschen Natio-
nalbibliothek:*
*Die Deutsche Nationalbibliothek verzeichnet diese
Publikation in der Deutschen Nationalbibliografie;
detaillierte bibliografische Daten sind im Internet über
http://dnb.dnb.de abrufbar.*

TWENTYSIX – Der Self-Publishing-Verlag
*Eine Kooperation zwischen der Verlagsgruppe Random
House und BoD – Books on Demand*

Herstellung und Verlag:
BoD – Books on Demand, Norderstedt

ISBN: 978-3-740-72996-7

Ilse Aichinger

„Ich schreibe, weil ich keine bessere Form zu schweigen finde." So hat die am 1. November 1921 in Wien geborene Ilse Aichinger einmal über ihr Schreiben formuliert. Als Tochter einer jüdischen Ärztin, von der sich ihr nicht jüdischer Vater trennte, um während des Nationalsozialismus keine Repressalien befürchten zu müssen, erlebte Ilse Aichinger schon in jungen Jahren die Schrecken von Verfolgung, Verfemung und Ausgrenzung, den Verlust von Sicherheit und Vertrauen.

Diese frühen Erfahrungen haben ihr gesamtes schriftstellerisches Werk grundlegend beeinflusst. Ihre Mutter überlebte in Österreich, ihre Zwillingsschwester Helga konnte 1939 nach England emigrieren, aber ein Großteil ihrer Verwandten, so auch ihre Großmutter, wurde in Konzentrationslagern ermordet.

Die unglaublichen, eigentlich unbeschreibbaren Geschehnisse der Judenverfolgung machte Ilse Aichinger in ihrem Roman „Die größere Hoffnung" - ihrem ersten veröffentlichten Werk und dem einzigen Roman überhaupt – zum Thema. Er erschien 1948 und damit in einer Zeit der beginnenden Restauration und stieß beim Lesepublikum nicht auf großes Interesse. Vordergründig wurde das Aichingers Schreibstil, der als hermetisch und unverständlich galt, angelastet. Das Romangeschehen wird aus der Kinderperspektive erzählt und handelt von Hoffnungen und Träumen eines jungen Mädchens, das als Halbjüdin nirgends dazu gehört und doch dazu gehören möchte.

„Träume sind wachsamer als Taten und Ereignisse, Träume bewachen die Welt vor dem Untergang. Träume, nichts als Träume!" Und so wird in diesem ersten literarischen Werk Ilse Aichingers nicht geradlinig erzählt. Realitäts- und Traumebenen verschwimmen, und die Sprache selbst wird zur verändernden Kraft.

In der Mitte der Gasse lag auf dem grauen Pflaster ein offenes Schulheft, ein Vokabelheft für Englisch. Ein Kind mußte es verloren haben. Sturm blätterte es auf. Als der erste Tropfen fiel, fiel er auf den roten Strich. Und der rote Strich in der Mitte des Blattes trat über die Ufer. Entsetzt floh der Sinn aus den Worten zu seinen beiden Seiten und rief nach einem Fährmann: Übersetz mich, übersetz mich!

Doch der rote Strich schwoll und schwoll, und es wurde klar, daß er die Farbe des Blutes hatte. Der Sinn war immer schon in Gefahr gewesen, nun aber drohte er zu ertrinken, und die Worte blieben wie kleine verlassene Häuser steil und steif und sinnlos zu beiden Seiten des roten Flus-

ses. Es regnete in Strömen, und noch immer irrte der Sinn rufend an den Ufern. Schon stieg die Flut bis zu seiner Mitte. Übersetzt mich, übersetzt mich!

Übersetzen, über einen wilden, tiefen Fluß setzen, und in diesem Augenblick sieht man die Ufer nicht. Übersetzt trotzdem, euch selbst, euch selbst, die andern, übersetzt die Welt. An allen Ufern irrt der verstoßene Sinn: Übersetz mich, übersetz mich! Helft ihm, bringt ihn hinüber!

Was in ihren folgenden Werken für Ilse Aichinger kennzeichnend werden sollte, ist hier bereits angelegt: die aufs Äußerste verknappte Sprache und eine gegen das konventionelle Erzählen mit Anfang und Ende und einem Ziel gerichtete Schreibweise, die sie in ihren Kurzgeschichten weiterentwickelt. Ilse Aichinger hatte nach dem Krieg mit dem Medizinstudium begonnen, dieses aber nach fünf Semestern abgebrochen, um ihren Roman zu vollenden.

Ab 1951 wurde sie als eine der wenigen Frauen in dem von Männern dominierten „Club" der „Gruppe 47" eingeladen. Dort begegnete sie dem vierzehn Jahre älteren Schriftsteller Günter Eich, der 1950 den ersten „Preis der Gruppe 47" für seine Gedichte erhalten hatte. 1953 heirateten sie, bekamen zwei Kinder Clemens (1954-1998) und Mirjam (*1957) und führten ein normales Familienleben, aber darüber hinaus ein für ihrer beider Kunst sehr befruchtendes Dasein. In Interviews hat Ilse Aichinger ihre Ehe als eine sehr beglückende Zeit, frei von Konkurrenzgefühlen beschrieben und hat ebenfalls betont, dass für sie ein Familienleben neben dem Schreiben wichtig war. „Ich würde heute niemandem mehr zureden, nur zu schreiben. Ich habe es auch nie nur getan", sagte sie einmal in einem Interview.

1972 ist Günter Eich gestorben. Sie waren sich zeitlebens einig, gegen Macht, Ignoranz, Intoleranz und alles, was Menschen zu Opfern werden ließ, anzugehen. Sie taten es nicht mit Agitation. Beide waren eher stille Menschen. Aber dafür umso wortmächtiger. Günter Eich hatte bei der Verleihung des Büchner-Preises 1959 gesagt: „Um die Kritik der Macht geht es, darum, ihrem Anspruch das Ja zu verweigern." Und Ilse Aichinger hat im FAZ-Fragebogen

1993 ihre Lieblingstugend folgendermaßen beschrieben: „Identifikation mit den Schwachen, Behinderten, Geschädigten und die Bereitschaft, die sich daraus ergebenden Konsequenzen auf sich zu nehmen." Ihre Jahre unter dem Nationalsozialismus, in denen sie und ihre Familie „auf Abruf" lebten, machten sie übersensibel für alle Formen der Macht, bis sie ihre Erkenntnis, ihr Erleben in Sprache umsetzte. Zuerst in den Roman „Die größere Hoffnung", von Walter Jens als „die einzige Antwort von Rang, die unsere Literatur der jüngsten Vergangenheit gegeben hat", bewertet. Danach ebenso konsequent in ihren Prosastücken und Gedichten.

Die Sprache war und ist ihr wichtig, „wir müssen sie aus der Manipulationsgefahr herausnehmen", sagt sie, „sonst sind wir alle verloren." Insofern kann und muss ein Dichter immer unbequem sein, so wie Günter Eich in einem programmatischen Gedicht formuliert hatte: „Seid unbequem, seid Sand, nicht das Öl im Getriebe der Welt". Ilse Aichinger hat ihre Worte stets prägnant, aber sehr sparsam verwendet, in knappen Notaten bis hin zum Aphorismus, zum Beispiel in der Textsammlung „Kleist, Moos, Fasane" von 1987: „ Alles woran man glaubt, beginnt zu existieren." –

„Was verwirklicht wird, wird dem Wesen nach verändert. So schafft Gott Gleichgewicht zwischen den Wünschen." Solche Sätze erinnern mich an Ludwig Wittgenstein mit seinem Tractatus logico-philosophicus., bei dem es bekanntlich heißt: „Wovon man nicht sprechen kann, darüber muss man schweigen".

Aichingers Schreiben könnte man als Anwendung dieser Maxime verstehen. In dieser Tradition stehen auch ihre Gedichte. „Verschenkter Rat" heißt ein Band mit knapp einhundert meist sehr kurzen Gedichten von 1978. Als „Wörter noch Geschenke waren", wie sie einmal sagte, als sie und Günter Eich sich Briefe schrieben und sie auch im Zusammenleben ihre Worte sorgsam wählten, damit sie nicht ihren Wert verloren.

„So viele Fragen und alle gesprochen, so viele Häuser und alle gebaut…Die Vögel angelockt und den Himmel immer wieder gemalt, bis er verschwand." Und deshalb will sie sich den Blick der Kinder bewahren, den sie in ihrem Roman beschwört: „Holt das Geheimnis ein! Lauft blindlings, lauft mit ausgestreckten Armen, lauft wie Kinder". „Und hätt ich keine Träume, /so wär ich doch kein anderer/ich wär derselbe ohne Träume, /wer rief mich heim?" (In einem) heißt eins ihrer Gedichte und ein anderes endet so: „die Fensterblumen wollt ich beschreiben, /wie sie zur Sonne wuchsen./Was tat ich?" Denn: „Wir sind alle/ nur für kurz hier eingefädelt, /aber das Öhr/ hält man uns seither fern, / uns Kamelen."

Ein schwerer Schicksalsschlag ereilte Ilse Aichinger mit dem Unfalltod ihres Sohnes Clemens Eich im Jahre 1998, der gerade zu einem vielversprechenden jungen Dichter herangereift war. Danach zog sich die Dichterin aus der Öffentlichkeit zurück. Nach langem literarischem Schweigen begann sie für die Zeitung „Der Standard" wöchentliche Feuilletons zu schreiben. Diese quasi zu einer Art Autobiografie verdichteten Texte erschienen als Bücher in den Bänden „Film und Verhängnis"

(2001) und „Unglaubwürdige Reisen" (2005) im Fischer Verlag, in dem ihr gesamtes Werk veröffentlicht ist.

Ilse Aichinger hat mit ihrer unsentimentalen, genauen, aber dennoch so poetischen Sprache die deutschsprachige Literatur bereichert. Sie ist dafür mit zahlreichen Preisen ausgezeichnet worden. Das was sie schrieb, hatte Gewicht, denn es war beglaubigt durch die Tragik in ihrem Leben.

Am 11. November 2016, kurz nach ihrem 95. Geburtstag, ist sie in ihrer Geburtsstadt Wien gestorben.

Rita Dove

In der Lyrikreihe „Das Neueste Gedicht" widmet sich der Heiderhoff-Verlag besonders der internationalen zeitgenössischen Lyrik. Neben bekannten Autoren und Nobelpreisträgern werden auch noch unbekannte Lyriker vorgestellt. Die Lyrikbände sind zweisprachig, in der Originalsprache und deutschen Übersetzung. Photos und Graphiken bereichern die sorgfältige Ausstattung.

Mit dem Lyrikband „Die gläserne Stirn der Gegenwart" wird eine umfassende Auswahl aus dem Schaffen der afroamerikanischen Lyrikerin Rita Dove dem deutschen Publikum präsentiert. Die Lyrikerin, 1952 in Ohio geboren, zählt in Amerika bereits zur anerkannten Autorin ihrer Generation. 1987 erhielt sie den Pulitzer-Preis für ihren Lyrikband „Thomas and Beulah".

Die Gedichte von Rita Dove im Original lesen zu können, ist ein Gewinn. Dieser perlende Ton ist manchmal nur schwer ins Deutsche angemessen zu übertragen. Was in Englisch leicht und anmutig klingt, wirkt in der deutschen Sprache leider oft hölzern und gar nicht lyrisch, „that softening/sky like a sigh of relief' lautet in der Übersetzung „der aufweichende/Himmel wie ein erleichterter Seufzer" oder „It was not äs if he didn't try/to teil us: first he claimed/the velvet armchair, then the sun/on the carpet before it." - was übersetzt so lautet: „Doch war's nicht so, daß er sich nicht bemühte,/es uns mitzuteilen: Erst beansprucht er/den Samtsessel, dann die Sonne/auf dem Teppich davor".

Nicht dem Übersetzer Fred Viehbahn soll dies angelastet werden. Es ist vielmehr ein grundlegendes Problem jeglicher Übertragung. Umso schöner ist es, wenn der Leser die Gedichte in ihrer Originalsprache auf sich wirken lassen kann.

Rita Doves lyrische Sprache ist unprätentiös und kommt fast ohne Metaphern aus. Miniaturen aus dem Leben ringsum beschreibt sie mit einem sehr klaren Ton: „Jemand sitzt im roten Haus./Man kann nicht sagen wer".

Das Erstaunliche ist, daß selbst surreale Bildwelten in der Sprache von Rita Dove nicht einer Sinnlichkeit entbehren, nicht Gefahr laufen, symbolhaft missverstanden zu werden.

Ein Beispiel ist das Gedicht „Ö", in dem sich der Vers befindet, der dem Gedichtband seinen Titel verleiht, „die Gegenwart bietet dem Meer ihre gläserne Stirn/(Gartenbrisen, vereinzelte Kardinale),//und wenn eines Abends das Haus an der Ecke/über der Marsch abheben würde,/wären weder ich noch mein Nachbar/darob verwundert. Manchmal//findet sich ein Wort so treffend, es erzittert/bei der kleinsten Erklärung./

Man fängt mit der einen Sache an, gerät/an eine andere, und nichts bleibt/wie es einst war, nicht mal die Zukunft."

Lakonisch und unsentimental in ihren Versen will die Dichterin keine Botschaft vermitteln. Sie beschreibt Wirklichkeit, auch imaginierte Wirklichkeit „Ich bin draußen im Freien,/ und über mir haben die Fenster sich zu Schmetterlingen verschränkt,/Sonnenlicht glitzert, wo sie einander schneiden./Sie laufen auf einen gewissen Punkt zu, der wahr ist und unbewiesen."

In Versen wie diesen oder auch solchen mit ironischen Untertönen: „Es gibt nicht alles in Büchern zu lesen/(aber Landkarten lügen nicht)./Der Hügel hat ein recht,/hier zu stehen." - regiert der Intellekt die lyrische Sprache, ohne dass sie dadurch kühl oder abstrakt wird.

In der Verknappung ihrer Bildsprache zeigt sich die Meisterschaft der Dichterin Rita Dove. „Sie trat/ins Freie. Ein Wind/erhob sich; hinter ihr/breiteten Felder ihre Segel." -„Weiße Stille. Nacht über den Hügel gedrängt." Beispiele wie diese machen deutlich, worin der Genuss beim Lesen dieser Gedichte liegt.

Während die ersten beiden Teile dieser Gedichtauswahl sich mit Landschaften, Menschen und poetologischen Gedanken befassen, fasst der dritte Teil thematisch Gedichte zusammen, die auf der afroamerikanischen Geschichte basieren.

Aber auch hier vermeidet Rita Dove alles Lehrhafte und entzieht sich dadurch der Gefahr, etikettiert zu werden als politisch-soziologische Lyrikerin für die ethnische Gruppe der Afroamerikaner.

Trotzdem gelingt es ihr mit ihren Beschreibungen der Realität der schwarzen Rasse inmitten einer dominierenden weißen und dem Nachspüren historischer „schwarzer" Geistesgrößen eindrucksvoll, den Leser für diese Bevölkerungsgruppe zu interessieren.

Denn Dichtung kann mehr anrühren als ein Pamphlet. „Hab keinen Grund/wegzulaufen-/sowieso würde nicht einer/ mein Leben retten. Also schaufle ich Mutmaßung/in einen Hopfensack./Ich schaufle Flaum, bis/der Erdboden sich weiß erhebt/und ich der einzige dunkle/Fleck am Himmel bin".

„Sprache ist alles.", sagte Rita Dove in einem Interview. Von der Sprache nähert sie sich der Welt, zeigt uns ihre Art der Perzeption.

Eine Verbindung von allgemein menschlichen Gegebenheiten und spezifisch afroamerikanischen Erinnerungsstücken sowie deren Problematik macht die Stärke dieser Gedichte aus. Man wünscht dieser Lyrikerin auch in Deutschland viele interessierte Leser. Das Nachwort von Wolfgang Binder unterrichtet

über das Gesamtwerk von Rita Dove, ihren poetologischen Hintergrund und weist in die Zu-
sammenhänge der Schwarz-Amerikanischen
Gegenwartsliteratur.

*Rita Dove: Die gläserne Stirn der Gegenwart.
Gedichte. Amerikanisch und deutsch, ausge-
wählt und übertragen von Fred Viebahn, mit
einem Nachwort von Wolfgang Binder, mit vier
Bildern von Laurence Hurst Heiderhoff Verlag,
1989, 161 Seiten, gebunden*

Kurt Drawert

Kurt Drawert, 1956 in Brandenburg geboren, mit Lebensstationen Berlin, Dresden und Leipzig, lebt seit 1993 in der Nähe von Bremen. Sein bisheriges Werk wurde u.a. ausgezeichnet mit dem Leonce-und-Lena-Preis (1989), dem Ingeborg-Bach-mann-Preis '(1993) und dem 1. Uwe-Johnson-Preis (1994).

Schon der Titel seines neuen Gedichtbandes „Wo es war" deutet an, worum es darin geht: um eine Vergangenheit in einem „Land der gesplitterten Bäume,/ der verdorrten, der gebrochenen Bäume". Die Form der Gedichte, in denen Drawert unprätentiös, fast berichthaft konstatiert, was gewesen ist, was auch seine Biographie bestimmt hat, ist streng, fast klassisch zu nennen.

Lakonische Feststellungen wie „Die Zeitung ist leergelesen,/die Bücher sind leer", „jedes Jahr wieder/einen falschen Paß in der Tasche,/ wird auch zur Gewohnheit", „Mein Denken funktioniert noch, mein Verstand/ funktioniert noch, aber ich bin nicht zuständig" können nicht darüber hinwegtäuschen, was für Verletzungen der Dichter dort, „wo es war", davongetragen hat.

Die Lakonie ist nicht Resignation, sie wird zur Überlebensstrategie für einen, dem „nur die Dinge im Koffer/sind noch *aus* einem Leben geblieben,/das ich geführt haben muß./Sie erzählen ins Leere/wann etwas war, und bleiben/zerbrechlich." Diese Zerbrechlichkeit, die Drawert in seine Verse bannt, ohne Pathos und Larmoyanz, ist so privat wie allgemein. Und jeder, der unterwegs ist, der nicht zu suchen und zu fragen aufgehört hat, wird sich in ihnen wiedererkennen: „Auch du reißt keine Lücke ins Spielfeld,/wenn du verschwindest", „Und du hast gedacht du wärest die Welt,/die dich verlor, ein klaffender Riß im Gewebe?".

Es geht um verlorene Träume, die eine *große* Leere hinterlassen. Nicht von ungefähr taucht dieses Wort häufig auf und auch von Dunkelheit, Schweigen, Tod ist vielfach die Rede. Doch keineswegs metaphorisch, sondern kühl registrierend, wie unter dem Seziermesser des Intellekts: „Deine gefragte Person://sie verschwindet, in besagter Würde/wie immer, im besonderen Stockwerk/unter der Erde".

Es geht um mehr als deutsch/deutsche Verluste und Befindlichkeiten. Natürlich, biographisch gesehen, verarbeitet Drawert seine persönlichen Erfahrungen, z.B. in dem sehr langen Gedicht „Geständnis": „Ich gestehe, im Land der Verwöhnten/lebe ich gern, gern nehme ich/Verwöhnungen hin, ich wehre mich sehr gerne/nicht mehr", worin wir viel vom Scheitern der Visionen, von den Unsicherheiten einer sich neu zu formulierenden Existenz erfahren: „Ich bin herübergefallen/wie eine Frucht vom anderen Grundstück ... ich lehne rigoros ab, mich neu zu erfinden". Thesen und Bücher einer Epoche - alles gründlich abgestanden. Und „vielleicht sind wir ja alle//auch gar nicht mehr da, aber was uns den Umgang mit Toten so schwer macht, ist/daß sie trotzdem noch schweigen."

Soviel steht fest: Kurt Drawert gehört nicht zu den Toten, weil er nicht schweigt. Auch wenn ihm viel zerbrochen ist, wenn er Im vierten Abschnitt des Bandes bekennt, daj3 er „nichts weiß", macht gerade dieses Geständnis seine Gedichte glaubwürdig und zeugen von Unbestechlichkeit. Trost hat er weder für sich noch für andere parat. Das ist auch nicht sein Begehr. Aber etwas ist das schon: „Noch gehen wir aufrecht", obwohl wie nach einem Schiffbruch „liegt nutzlos, was wir erfanden,/wie Strandgut verlassener Küsten auf sterbliche Steine gebettet.

Kurt Drawert versteht es in den Gedichten dieses Bandes meisterhaft, die Gefühle einer zu Ende gehenden Epoche, eines Fin de siècle, zu artikulieren, jedoch ohne Endzeitpathos. Die Lakonie wird dadurch zu einem noch kaum geglaubten Zeichen von Hoffnung. Im vierten Abschnitt des Bandes „Wo es war" ist unter dem Titel „Die Abschaffung der Wirklichkeit" seine Rede zur Verleihung des ersten Uwe-Johnson-Preises nachzulesen.

Auch dieser Text filtert jene Befindlichkeiten heraus, die für Kurt Drawert bestimmend sind: das Gefühl des Vertriebenseins, die Mühen mit der Sprache, die der Wirklichkeit nicht entsprach und noch immer nicht entspricht, welche ihn zu einem Heimatlosen macht. Die vermißte Wirklichkeit zu artikulieren, ist das Vorrecht des Dichters. Es wird für ihn möglich, daß „für den Augenblick/dieser Beschreibung,/der Mythos/vom Glück eingetreten" ist und bleibt zugleich der Zweifel: „vielleicht hat am Ende der Worte/uns in Wahrheit niemals/jemand erwartet ..., und leer/gehen wir hin." Aus diesem Spannungsfeld bezieht Dichtung ihre Legitimation.

Kurt Drawert: Wo es war. Gedichte. Suhrkamp Verlag, Frankfurt am Main 1996. 128 Seiten

Erich Fried

1921 in Wien geboren, entkam Erich Fried durch seine und seiner Mutter Flucht nach England im August 1938 nur knapp den Nazi-Häschern. Sein jüdischer Vater war in Gestapohaft so schwer mißhandelt und gefoltert worden, daß er unmittelbar nach seiner Entlassung an deren Folgen starb. Dieses traumatische Erlebnis und die nachfolgende existentielle Heimatlosigkeit im Exil ließen in Erich Fried die Empfindsamkeit heranreifen für den Mangel an Mitmenschlichkeit, für Ungenauigkeit und Verlogenheit im Wortgebrauch.

Sein erster Gedichtband „Deutschland" erschien 1945 und 1946 der zweite mit dem Titel „Österreich". Bereits in diesen frühen Gedichten ist angelegt, was Frieds lebenslanges Thema bleiben sollte, und was er im Vorwort zu einer Neuausgabe 1986 so formulierte: „Die verzweifelte Frage, wie die Aufgaben der Zeit von Menschen, die sich nicht abstumpfen lassen wollen, bewältigt werden können".

So wurde Erich Fried zum nimmermüden Wort-Artisten mit mehr als zwanzig Lyrikbänden, die eine für dieses Genre erstaunliche Auflagenhöhe von mehr als 300.000 noch zu seinen Lebzeiten erreichten. Er, der heimatlos gewordene, blieb seiner Sprache treu. Wie kaum ein anderer hat er unsere gefährdete Welt in seinen Gedichten beschrieben. Mit seinen Worten legte er die Finger auf die überall vorhandenen Wunden. „Wenn er Unglück hat / reißen die Worte / ihn auseinander" -diese Gefahr scheute er nicht. Vielmehr blieb er Mahner und Fragender, der auf Antworten hoffte. Oft mit lauter Stimme, aber auch mit den leisen Tönen eines Liebenden, einen das Leben trotz allem Liebenden.

Erich Fried, der uns als Überlebender nach Auschwitz fragte: „Wie oft / muß ich sterben / dafür / daß ich dort / nicht gestorben bin?", der ganz allgemein fragte: Wohin?, gab fragestellend seine Antwort: .Also zum Tod? / Aber ohne die Auflehnung / ohne das Mitleid / ohne die Liebe / was wäre das Leben?" Visionär ist sein poetisches Prinzip Hoffnung bereits in dem frühen Gedicht „Die Brücke" (1946) angelegt, das mit den Versen endet: „Und nun wächst er, den ich verkünde / und wird wachsen, ohne zu fallen, / bis er Brücke ist über die Schlünde / und ein Weg den Kommenden allen."

Der Lyriker Erich Fried nahm das Wort beim Wort, erprobte es, durchspielte es in immer neuen Wort- und Klangvariationen: „Ich hoffe // Ich hoffe / daß ich noch hoffe // Ich fürchte / daß ich nicht hoffe / nur noch hoffe / daß ich noch hoffe // Ich hoffe / doch noch / daß ich doch noch / hoffe". „Was keiner / geglaubt haben wird // was keiner / gewußt haben konnte // was keiner / geahnt haben durfte // das wird dann wieder / das gewesen sein // was keiner / gewollt haben wollte".

Erich Fried war ein manischer Weltmitschreiber, den beinahe alles zur gedanklichen und sprachlichen Auseinandersetzung anregte, ab Mitte der sechziger Jahre zunehmend in Agitprop-Texten in offen zeitkritischer, politisch engagierter Lyrik. Mit dem Band „und Vietnam und' (1966) wurde Fried schlagartig berühmt, wurde Paradebeispiel für politische Lyrik" gehandelt und als lyrischer Verstärker der Neuen Linken".

Seine streitbaren, manchmal ins Militante umschlagenden Gedichte stießen aber auch auf heftige Kritik. Als Dichter ohne Heimat zog er rastlos von Stadt zu Stadt in seinem Engagement für Verfolgte und Entrechtete, seinem Protest gegen Intoleranz und Unmenschlichkeit. Für mich ist es keine Frage, ob Fried ein Dichter war. Er war

nicht nur „einer / der Worte / zusammenfügt",
wie es in einem seiner Gedichte heißt. Er war ein
Dichter, der- heimatlos geworden und sich nach
Zugehörigkeit ein Leben lang sehnend - glauben
wollte, der hoffen wollte, der lieben wollte und
nicht müde wurde, uns dies immer wieder zu
übermitteln.

Sein Gedicht „Bevor ich sterbe" war auch sein
Lebensprogramm. Mit einmalig klaren Worten
umreißt er darin sein Credo als Mensch und Dichter: „Noch einmal sprechen / von der Wärme des
Lebens / damit doch einige wissen: / Es ist nicht
warm / aber es könnte warm sein / / Bevor ich
sterbe / noch einmal sprechen / von Liebe / damit doch einige sagen: / Das gab es / das muß es
geben / / Noch einmal sprechen / vom Glück der
Hoffnung auf Glück / damit doch einige fragen: /
Was war das / und wann kommt es wieder?"

Gedichte dieser Art, die leisen, wehmütigen,
menschlichen werden bleiben, wahrscheinlich
eher als die dezidiert politischen, auch wenn viele von ihnen über die Zeiten hinweg aktuell geblieben sind: „Wer will / daß die Welt / so bleibt /
wie sie ist / der will nicht / daß sie bleibt". Der
riesige, bis heute anhaltende Erfolg seiner „Liebesgedichte" weist in diese Richtung, denn die
Botschaft eines Gedichtes wie „Was es ist" aus
dem Band „Es ist, was es ist" von 1983 ist und

bleibt universell. Es ist der Lobpreis der Liebe, die am Ende stärker ist als Vernunft, Angst. Stolz und Erfahrung: „Es ist was es ist / sagt die Liebe".

Anläßlich der Verleihung des Bremer Literaturpreises 1983 bekannte Erich Fried, Schriftsteller zu sein bedeute „wie jede künstlerische Tätigkeit - der Widerstand gegen Entfremdung, gegen Abstumpfung, gegen Fühllosigkeit für das. was wir einander tun, und gegen Gedankenlosigkeit, auch im eigenen Kreis, auch bei uns selbst."

1987 wurde Erich Fried der Büchner-Preis verliehen. Am 22. November 1988 starb er im Alter von 67 Jahren an einem Krebsleiden.

Margarete Hannsmann

Magarete Hannsmann, 1921 in Heidenheim geboren und in Stuttgart lebend, kann auf ein reich bewegtes Leben zurückblicken. Sie übte verschiedene Berufe aus, ehe sie sich als Lyrikerin einen Namen machte. Zahlreiche Lyrikbände sind von ihr erschienen, u.a. zuletzt „Drachmentage" (1986), „Rabenflug" (1987), „Raubtier Tag" (1989).

Durch einen Zeitraum von dreißig Jahren zieht sich wie ein roter Faden ihre Begeisterung für Griechenland. Das Land der Antike ist es vor allem, das sie zusammen mit dem Dichter Johannes Poethen regelmäßig bereist. Entscheidend wird für sie das Erlebnis der Machtübernahme durch das Militär. Von da an lernt sie, Griechenland anders zu betrachten. In diese Zeit fällt auch ihr Zusammentreffen mit HAP Grieshaber, das für beide zu einer schicksalhaften Verbindung und fruchtbaren Zusammenarbeit wird. In dem autobiographischen Buch „Pfauenschrei", in dem sie die Jahre mit HAP Grieshaber beschreibt, notiert sie folgendes: „Ich habe ganz neue Gedichte geschrieben, sagte ich. Anders als alles bisher. Weil ich in Griechenland sah, wie es ist, wenn plötzlich eine Diktatur ausbricht. Weil ich anfing, anders zu denken. Anders zu empfinden."

In dem neu erschienenen Gedichtband „Wo der Strand am Himmel endet" sind Gedichte aus drei Jahrzehnten, die teilweise bereits in anderen Gedichtbänden veröffentlicht waren, zu einem „Griechische(s)n Echo", wie sie der Untertitel bezeichnet, zusammengefaßt. Der Band ist zweisprachig, die Gedichte wurden ins Neugriechische übersetzt.

Der Titel mag zunächst an ungetrübte Ferienstimmung erinnern. Wer in dem Band aber ein Loblied auf die griechische Sonne, das Meer, die Freuden des Weines, die reiche Frucht und die Schönheit antiker Kunst vermutet, wird sich getäuscht sehen. Gewiß, all dies leuchtet immer wieder in einzelnen Versen auch auf. Aber deutlicher, vernehmlicher ist der Klagegesang über das Verlorene, die Anklage auch gegen das Zerstörerische.

Die Zerstörung kommt in vielerlei Gestalt. Da ist zunächst die Zeit: „Diese Säule/ließen sie übrig/eine Wunde im Blau/ Ursprung/Zerstörungsmal/Ebenbild/Mensch" (Tempel auf Ägina). Es bleibt, sich damit abzufinden: „Die Nachkommenden/hängen am Torso/...Immer neu bis zum letzten Sturz/ bauen sie/auf den Rest". Schlimmere Wunden als die Zeit schlagen der zunehmende Tourismus, die Ausuferung der Städte, die Zerstörung des einfachen Lebens durch den Einbruch der Zivilisation. Da muß man früh hinabsteigen zum Meer „Eh sich die Sonne erhebt/...Kälte als Preis/für Stille/ Einsamkeit"- denn „sobald die Sonne/höhersteigt/fallen/die Anderen ein".

Die Idylle scheint ein für alle Mal dahin. „Da glimmt Disco Sirene auf/jedweden anderen Lärm enthaupten/die Motorräder Griechenlands". Ist sie noch irgendwo zu finden? Oder ist sie nur noch für den Außenseiter erkennbar wie in dem Gedicht „Strand": Der junge Irre/spann Fäden aus Licht/ mit gereckten Händen/Beschwörungen murmelnd". Der Dichterin selbst begegnet sie, meist unerwartet wie ein Geschenk, in den Gesten der einfachen Menschen, wie sie es in dem Gedicht „Brot und Wein 1983" beschreibt. Eine Frau ..nicht jung nicht alt" reichte ihr wortlos Brot und Wein, „legte die Hand aufs Herz/und war verschwunden/bevor wir begriffen/es ist ihr Boden". Oder eine andere Begegnung: „Nur ein paar Alte in den Tavernen/antworten/mit einer Handbewegung/die das Jahrhundert umschließt".

Aber, so schmerzhaft die Erkenntnis ist, der Weg zurück ist versperrt. Es gelingt auch nicht mehr durch „Übungen/ die Augenlider zu überreden/es blüht/", denn „Die Vernichtungsarten/übertreffen schon das Grün/und bis endlich/ die Nacht kommt beim Wein/zerbrechen die Worte im Mund".

Athen wird für Margarete Hannsmann zum sichtbaren Sinnbild des Unmaßes, der Vergiftung, der Zerstörung. Dunkel visionäre Bilder projiziert die Dichterin an die Vorstellungsleinwand von blauem Himmel und weißen Stranden. ..Maßlos ergießt sich über die Hügel/Häuserkrebs/grell-weiß/durchbrüllt von Motoren/Tötungsfanfaren jeglicher Hoffnung/ / metastasendurchwuchertes Attika".

Wer aber könnte sich mit einer solchen Wirklichkeit abfinden? Margarete Hannsmann, die sich mit ihrer Lyrik enga-i4iert hat in zahlreichen Aktionen mit HAP Grieshaber gemeinsam für die Freiheit des griechischen Volkes, die gestritten hat gegen jegliche Bevormundung und Ausbeutung des Menschen, ist gegen diese Art der Zerstörung machtlos. Sie versucht, sich selbst zu retten durch das Bewahren von Erinnerungen, durch das Festhalten in Versen von Glücksmomenten, die es trotzdem immer wieder gibt.

Wunderschön beschreibt sie dieses Gefühl des Glücks, das so zart und vergänglich ist wie der Mohn, so schwebend in einer augenblickskurzen Balance zwischen „Nochnicht" und „Nichtmehr". Das Gedicht ist betitelt „Griechische Karwoche": „Dasitzen/die Augen sammeln/Stunde um Stunde/ nur dieses Rot/Mitte zwischen/Nochnicht Nichtmehr/ Mohn/verletzlich ohnegleichen...".

Manchmal ist die Kraft der Natur, des Alten, des Kreatürlichen noch stark genug und läßt, wo schon nicht Hoffnung, so doch Trost zuteil werden: „Gäbe es nicht manchmal Abendfarben/Wolkenfeste am Rundhorizont/wären da nicht die unaustilgbaren/Linien die aus dem Meer aufglänzen" (Athen) oder in dem Gedicht „Orchomenes": .Auf den Stufen des bald wieder/zugewachsenen Theaters/in der Mittagssonne/das Stück heißt Natur/ Schauspieler/die Tiere".

Am Ende kann sich der Leser doch nicht dem Sog einer fünftausendjährigen Geschichte, die ihn anweht aus Namen von Orten, mythischen Wesen, Göttern und Kulturstätten entziehen. Ihm wird begreiflich, daß die Dichterin schreiben muß: „Wieder zieht es mich dorthin/wo sie mit den alten Waagschalen Leben zuwiegen...Drachentage/Gleichzeitigkeit/fünftausend Jahre alt".

Ein wesentlicher Anteil der Gedichte beschäftigt sich mit dem Altern, mit dem Abschied. Sie gehören zu den lyrischsten dieses Bandes. „Als wären diese Tage unverwelklich/ reifes Licht/wache Müdigkeit im Wolkenlosen/Kornfelder-licht/eine Weile rein von Abschieden/nichts als stillhalten/ bis man dazugehört". Das Altern im Leben eines Menschen wird hier zum Gleichnis für das Vergehen einer Epoche. „Das Feuer ist niedergebrannt/in der

Asche/glimmen noch eine Weile die Aststücke/ /Keiner weiß wie lang die Nacht dauert/ auf die nie ein Morgen mehr folgt" - und liegt hier doch ein Widerspruch vor: denn wer fragt, wie lang die Nacht dauert, glaubt an ein Morgen.

Das Gedicht, aus dem die Zeile stammt, die dem Gedichtband seinen Titel gibt, steht als letztes und markiert zugleich einen Anfang, eine grandiose Hoffnung. Seine Überschrift lautet „Wo der Frieden anfängt": „Jetzt ist Abend//Seit der helle/Tag anbrach war Krieg auf Erden/und ich stritt an allen Fronten/um Gerechtigkeit//Werft mir nicht vor/daß ich jetzt aufs Wasser blicke/euch die Kämpfe überlassend/ /Uferlinien abzulaufen/lebenslang dem Punkt entgegen/wo der Strand am Himmel endet//Wo der Frieden anfängt".

Der Künstler, der Poet ist immer ein Widerständiger und ein Hoffnungträger gewesen. So könnte man auch die Frage von Margarete Hannsmann „Warum bleibe ich Griechenland treu?" beantworten.

Margarete Hannsmann: Wo der Strand am Himmel endet. Griechisches Echo. Gedichte zweisprachig. Alkyon Verlag. Edition Eisvogel. Weissach im Tal 1990. 143 Seiten

„Wann ich geboren bin, hab ich vergessen. Sollte es mir wieder einfallen, wäre das schrecklich, denn ich habe sehr lange dazu gebraucht, einzusehen, daß es Menschen gibt, die niemals erwachsen werden. Ich bin ein solcher." Die dies von sich sagt, vollendete am 10. Februar 1991 ihr 70. Lebensjahr. Jung zu bleiben und dabei dennoch die Erfahrungen eines reich bewegten Lebens zu verarbeiten, in Kunst zu verwandeln, ist vielleicht ein Privileg des künstlerisch tätigen Menschen.

Geboren in Heidenheim/Württemberg lebt Margarete Hannsmann heute als freie Schriftstellerin in Stuttgart. Nach einer Schauspielausbildung übte sie die verschiedensten Berufe aus, um ihre Kinder durchzubringen. Sie betätigte sich u.a. als Lehrmittelverkäuferin, Puppenspielerin, Annoncenaquisiteuse.

Nicht erwachsen zu werden, das bedeutete für Margarete Hannsmann wohl vor allem, sich nicht abzufinden mit Unrecht, Unterdrückung und Zerstörung. „Die Lyrikerin Hannsmann ist in ihrem humaneuropäischen Engagement ein Begriff.", schrieb die Nürnberger Zeitung.

Gegen die Zerstörung der Umwelt hat sich die Dichterin schon sehr früh engagiert. Ein Beispiel für ihren scharfen, geradezu apokalyptischen

Blick, zu einer Zeit, als noch der Traum vom stets sich weiter entwickelnden Fortschritt und Wirtschaftswunder geträumt wurde, mag dieses Gedicht von 1959 darstellen: „Straßenbau//Die Straße stößt zu/das leise Knirschen/der Bäume//wie einfach das Töten ist". Schon früh also beschwor Margarete Hannsmann, was ihr Hauptanliegen in ihren Gedichten bleib über viele Jahre hinweg bis in die jüngste Zeit: aufzuzeigen, anzuklagen, die Verluste zu beklagen, den Finger auf die Wunden zu legen und dadurch die Sinne zu schärfen, nicht achtlos vorüberzugehen, sich dem Alltagsgeschehen zuzuwenden, als stünde nicht das Überleben aller auf dem Spiel.

Wo es der Fortschritt so weit gebracht hat, daß der Mensch „sich geduckt zwischen Fahrzeugen hindurchkrümmen (muß)/oder von ihnen bedrängt an Mauern sich drücken/in einer Luft die ihm den Atem nimmt" und „Bagger zerstören überall was die Jahrhunderte schufen", spricht aus der Dichterin der Zorn und die Trauer, auch die Sorge, ob an dieser scheinbar selbsttätigen Entwicklung noch etwas aufzuhalten sei.

Dann beschwört sie die uralten Träume von einem verlorenen Paradies: „Ich aber wende mich Nacht für Nacht/einem Platz zu/in dem Käuzchen schrein/Brunnen rauschen vor Lorbeerhecken/und über Zypressen ein Mond aufgeht/wie am Tag der Schöpfungsgeschichte".

Margarete Hannsmann erhielt für ihr eigenes Schaffen wesentliche Impulse durch häufige Aufenthalte in Griechenland sowie ihre zwölfjährige Zusammenarbeit mit dem Künstler HAP Grieshaber. Über ihr gemeinsames Leben und Arbeiten hat sie mehrere autobiographische Romane, z.B. „Pfauenschrei", geschrieben.

Mit Grieshaber unternahm sie zahlreiche Reisen, besonders in das Gebiet der damaligen DDR. Freundschaften verband sie mit bedeutenden dort lebenden Dichtern wie Peter Huchel, Johannes Bobrowski, Günter Kunert, Sarah Kirsch, Christa Wolf. Immer auch war ihr die Trennung der beiden Teile Deutschlands ein Stachel im Herzen. Auch hier beschwor sie Namen und Orten, um sie vor dem Vergessen zu bewahren, wie z. B. Neubrandenburg, Quedlinburg, Insel Rügen, Buchenwald. Bereits in ihrem Gedichtband „Landkarten" räumt Margarete Hannsmann Deutschland Ost und West gleich große Abschnitte ein. Was in der Realpolitik geschehen war .Ausgekratzt: Deutscher Schulatlas/Namen wie Hiddensee/Ernst Moritz Arndt/als ich Kind war / ...Zäune / Stacheldraht / Radartürme / NVA-Objekt / Fotografieren verboten", hat Margarete Hannsmann in ihren Gedichten festgehalten voller Trauer und Zorn, sowie als Mahnung: „Uns aber die gekrümmt vor Trauer / noch geboren im Grenzenlosen /auf dieser Straße durch Deutschland zu huschen" (Transit DDR).

Sie suchte den Dialog mit Kollegen und Lesern im ändern Teil Deutschlands. „Komm in mein Deutschland sagtest du / als ich erzählte wie Auwälder sterben / Pflanzen und Tiere von der Erde gehn für immer / weil Menschen hinnehmen in meinem Deutschland /daß man die letzten Flüsse jetzt kanalisiert."

Die Unterscheidung in „mein" und „dein" Deutschland gehört nun glücklicherweise der Vergangenheit an. er Wunsch, mit ihren Gedichten etwas in Gang zu bringen, es nicht bewenden zu lassen mit dem Ausverkauf der Heimat, mit der Zerstörung der Lebensbedingungen, blieb nicht ohne Antwort. Noch halb erstaunt, konstatierte Margarete Hannsmann: „Es stimmte also nicht, daß Poesie nichts bewirke! Daß es sinnlos sei, Gedichte zu schreiben, um etwas ändern zu wollen."

Margarete Hannsmann hat auch eine große Anzahl wunderschöner Liebesgedichte geschrieben. So bekennt sie: „Die Jüngste bin ich nicht mehr. Aber wenn jemand meint, das würde weniger - die Liebe? Das hört und hört nicht auf. ...Und würde ich dann noch Gedichte schreiben?" Vielleicht ist die Liebe der eigentliche Motor zum Schreiben bei Margarete Hannsmann, auch da, wo die Liebe zur Erinnerung geworden ist, „als wäre da irgendein Raum von dir nicht überwuchert/aus dem Gebraus meine Stimme noch einmal herauszuschälen". Der Tod ihres Lebensgefährten HAP Grieshaber hat die Dichterin in tiefe Trauer gestürzt: „Dein Sterben mit dem ich nicht leben kann/das alles auslöschte/wo Farben waren/ sah ich nur Schatten". Aber - so schrieb Franz Fühmann im Vorwort zu ihrem Gedichtband „Du bist in allem" - „Wenn Trauer in Poesie sich befreit, ist ein Sieg für das Leben errungen."

Margarete Hannsmann hat nicht aufgehört, was sie betrifft und betroffen macht, in Poesie zu verwandeln. Sie hat ein umfangreiches lyrisches Werk geschaffen. Zahlreiche Ehrungen wurden ihr für dieses zuteil, u.a.   1976 der Schubart-Preis der Stadt Aalen, und 1983/84 war sie Ehrengast der Villa Massimo. Sie ist Mitglied des VS und des PEN-Präsidiums.

In ihrem zuletzt erschienenen Lyrikband „Rabenflug" (1987) ist manchmal etwas von Resignation zu spüren, vor „Ohnmacht gegen Beton" z. B. fühlt sie sich „am Ende meiner Vergeblichkeiten". Auch in den Gedichten über das Altern ist der Grundton melancholisch. Aber dann heißt es auch wieder: „Doch manchmal/bevor ich aufgeben will/ist da eine neue Standhaftigkeit/gegenüber dem Nichts".

Die Dichterin Margarete Hannsmann wird nicht aufhören, in sinnlichen und dichten Bildern die Schönheit von Landschaften, das Licht des Südens, Farben und Töne aus einer unzerstörten Landschaft vor unseren Augen entstehen zu lassen. Auch wenn sie sagt, „Ich habe aufgehört, in Gedichten zu streiten", so ist vielleicht dieses nicht streitbare Engagement ein noch wirksameres. In dem Gedicht „Griechenland" - ebenfalls in dem Lyrikband „Rabenflug" - schreibt Margarete Hannsmann: „Deine Menschen / sind näher an der Schöpfung // Eine Weile noch/können wir unter ihnen wandelnd / uns verwandeln // Angstlos".

Zum 70. Geburtstag der Dichterin Margarete Hannsmann bringt der Klett-Verlag einen Gedichtband heraus unter dem Titel „Purpuraugenblick" -Gedichte aus 25 Jahren.

Hans-Jürgen Heise

Das ist dem Lyriker Hans-Jürgen Heise ein Anliegen: mit seinen Gedichten in Interaktion zu treten zum Leser, zum Mitmenschen überhaupt. Seine Verse scheinen mühelos geschrieben und sind doch in ihrer Verknappung das Destillat eines Jahrzehnte währenden lyrischen Schaffens und einer poetologischen Auseinandersetzung mit seinen eigenen sowie Gedichten der Weltliteratur. Diese profunde Kenntnis und zugleich die Sensibilität eines äußerst wachen Geistes für authentisches Erleben ermöglichen dem Lyriker Heise, Verse unverwechselbarer eigener Prägung zu schreiben. In ihnen findet sich nichts Artifizielles.

Bezeichnend der Titel seines neuen Bandes: „Heiterkeit ohne Grund". Ich denke, hierin ist die Grundbefindlichkeit des Autors auf einen Nenner gebracht. Seine Gedichte, wiewohl auch Skepsis und Ironie darin vertreten sind, sind von einer wunderbaren Leichtigkeit, die eben in jener Heiterkeit begründet ist, die auf einem grundlegenden Einverständnis mit Welt und dem menschlichen Dasein als conditio sine qua non basiert. Heise baut - hierin kann man ihn getrost einen Utopisten im besten Wortsinn nennen - auf die innovative Kraft des Wortes, des Wortes, das sich an ein Du wendet. Insoweit nehmen so kurze Gedichte wie z.B. „Sedier-te Welt" oder das Gedicht „Nachtwache" Realität ins Bild, viel weniger anklagend, als in einer leisen Trauer: „... irgend jemand - Patient oder Personal -/ hält so viel Wirklichkeit nicht aus" (Nachtwache). Anschaulich und für den Leser nachvollzieh bar scheut Heise sich nicht davor, seine Gefühle auszudrücken. „In der Psychiatrie kacheln sie/ die Ängste ein und der Verstand/ ein Detektiv der Schwarzen Serie/ beschattet das Gefühl" (Sedierte Welt).

Heise betrauert in seinen Gedichten Verluste: die verlorene Kindheit, frühe Landschaften, die sich im Zuge der Zivilisation bis zur Unkenntlichkeit verändert haben, die er aber durch den „Satzbau einer Landschaft" erneut heraufbeschwören kann. Auch im Traum, in dcm wieder stimmt, was nicht mehr stimmt: „Goldener Schnitt/ der Träume". Gefühl und Verstand - diese beiden Antipoden - vereinigt Heise spielerisch und gibt auf seine Art „Orientierungshilfe", wie der Titel eines Gedichts lautet, dem die Entstehungsdaten 1963/66/ 94 beigegeben sind und die aufzeigen, wie intensiv der Autor bis hin zur äußersten Präzision an einem lyrischen Text arbeitet: „Geländer für einen Blick/ ohne Halt// Ich schnitze auf alle Fälle/ einen Riegel/ den setze ich/ quer zur Kausalität".

Heise ist nicht daran gelegen, sich selbst als Person hinter seinen Versen zu verbergen. Im Gegenteil: Das lyrische Ich weiß sich verbunden mit den Menschen, die vielleicht auf Zuspruch warten, weil sie - wie es selbst - „ein wenig müde" sind, oft einsam: „Ein Fest/bloß/ die Gäste fehlen", denen das frühe Paradies (.Arkadien") abhanden kam und die nun „einen Bypass für die Seele" brauchen, vielleicht auch deshalb, weil „... der Glaube/ reparaturbedürftig ist".

Wie es uns schon aus seinen brillanten Essays vertraut ist, bekennt sich Heise in dem „Nachwort in 2 Anläufen" zu dem vorliegenden Band poetologisch zur Phantasie als agens und movens seines Schaffens: „Wer hinreichend Phantasie hat, balanciert einen Felsen auf der Fingerkuppe." Der Logik, die kausal denkt und sich keine „Bocksprünge der Einbildungskraft" gestatten darf, mißtraut Heise gründlich. Mit ihr allein befindet sich der Mensch auf einer Einbahnstraße, an deren Ende das Nichts steht. Mit der Phantasie, die „das eingesperrte Kind" in jedem Erwachsenen zu befreien vermag, ist es möglich, die Fesseln von Raum und Zeit abzustreifen. „Nur die Phantasie", sagt Heise, „die verrückte

Zwillingsschwester der Vernunft, macht es uns möglich, daß uns jetzt (und vielleicht noch in einiger Zukunft) der Regenbogen überm Abgrund als begehbare Brücke erscheint."

In unserer aufs Apokalyptische eingeschworenen Zeit tut Dichtung not, ist der Dichter Hans-Jürgen Heise so etwas wie ein Prophet, ein Verkünder einer „Heiterkeit ohne Grund". Die Bescheidenheit und Unaufdringlichkeit seiner Gedichte haben die Kraft einer Botschaft: Gegenwart wahrzunehmen, das Dasein anzunehmen und wie er es formuliert „Gefühle denkbar und Gedanken fühlbar zu machen".

Hans-Jürgen Heise: Heiterkeit ohne Grund. Gedichte. Neuer Malik Verlag, Kiel 1996. 80 Seiten;

Hans-Jürgen Heise, 1930 im pommerschen Bublitz geboren, hat rund 40 Bücher veröffentlicht: Lyrik- und Prosabände, Essaysammlungen, den Band „Schreiben ist Reisen ohne Gepäck" mit Selbstauskünften zu seiner von der Kritik einhellig als eigenständig hervorgehobenen Poesie. „Nur dort, wo sich ein Mensch zu erkennen gibt, ist damit zu rechnen, daß andere Menschen neugierig werden, näher treten, zuhören, sich einfühlen, auch abgrenzen; kurz: das

41

Gedicht muß seine dialogischen Fähigkeiten zurückgewinnen." So postulierte Heise in einem Vortrag der „Kogge" 1996 seine Vorstellungen von einem guten Gedicht. 1994 legte der Neue Malik Verlag unter dem Titel „Die Wirklichkeit erfindet mich" bereits einen Sammelband seines lyrischen Werkes von 1948-1993 vor.

Nun ist im Wallstein Verlag ein weiteren Sammel/Auswahlband seines Schaffens bis zum Jahre 2001 erschienen, der neben bereits veröffentlichten auch unveröffentlichte Gedichte und in einem eigenen Kapitel sogenannte Prosagedichte versammelt. Über Heises Lyrik ist schon viel Lobendes geschrieben worden. Auch hierüber erschien 1995 ein eigenes Buch, der Materialienband „Innehalten, ohne zu verweilen. Hans-Jürgen Heise im Spiegel der Kritik". Das Augenmerk des Lesers wird sich daher vor allem auf die rund 60 Prosagedichte richten, die eine neue Facette im Schaffen des Dichters hervortreten lassen.

Die in drei Kapitel aufgeteilten Gedichte hat Heise   nicht chronologisch angeordnet, sondern in ein assoziatives Arrangement aus Sinn- und Sprachbezügen gestellt. Diese Anordnung hat ihren ganz besonderen Reiz. Wo auch immer man das Buch aufschlägt und sich vom Inhalt ein.es Gedichtes gefangen nehmen läßt, ist es ein spannendes Spiel, im Inhaltsverzeichnis nach dem Entstehungsdatum zu forschen. Denn das ist das Eigenartige an Heises Gedichten; sie sind nicht zeitverhaftet, weder vom Inhalt noch von ihrer Form.

Heises Lyrik ist subjektiv und gerade deshalb allgemeingültig. Pathos und Effekthascherei ist ihr fremd. In Lakonie, manchmal mit leise ironischen Untertönen, drückt sie Stimmungen und Situationen aus, die jeder kennt und schon erlebt hat: Trauer über Verluste, sei es von Menschen, von Heimat oder einer intakten Natur; Einsamkeit (nicht von ungefähr ist das umfangreichste Kapitel mit „Einsames Match" betitelt); die Öde des Alltags, um nur einige Themen zu nennen, die Heise virtuos und klar, manchmal verspielt, dann wieder analytisch scharf - immer aber in genuin lyrischem Sprachduktus behandelt. Heise beläßt es selten bei noch so wahrhaftigen Registrierungen, sondern schlägt beinahe immer in überraschenden Volten ins Surreale und eröffnet dadurch eine unerwartete Sicht auf scheinbar Gewohntes und Gewöhnliches.

Es gibt eine größere Anzahl von Gedichten, die einmal oder mehrfach überarbeitet wurden. Eins der für mich schönsten Gedichte dieses Bandes trägt die Jahreszahlen 1965-99, was auf eine immer wieder neu aufgenommene Arbeit daran schließen läßt. Sein Titel: „Zeit" „Die Vase/hält einen Rest/ von Garten zusammen// Wir sehen/ die Zusammenhänge/ in den Brüchen// Zeit: Einfall/ eines Uhrmachers// Ein Tag/ ist ein Argument// Zwei Tage/ sind ein Leben". Die Prosagedichte bilden das letzte Kapitel dieser Werkausgabe. In ihnen tritt stärker noch als in Heises Lyrik ein irritierendes Moment hervor, das mit surrealen und irrationalen Verfremdungen arbeitet.

Eigentlich handelt es sich, ob nur eine viertel oder maximal knappe zwei Seiten lang, um kleine akkurate Geschichten, präzise formulierte Momentaufnahmen, die eines ganz sicher nicht wollen: Ideen oder gar Ideologisches transportieren. Viel wird von Befindlichkeiten berichtet: von Vergeblichkeiten, von Unruhe, von Ratlosigkeit angesichts einer sich scheinbar entziehenden Wirklichkeit. Es stimmt: rhythmisch, melodisch sind alle diese Kabinettstücke.

Man ist verführt, sie sich selbst laut vorzulesen. Als besonders schöne Beispiele dieser lyrisch prosaischen Miniaturen nenne ich „Identität" und „Exil". „Ich möchte ein Vogel werden...Ich lasse mir Flügel machen, und ich schwinge mit den Flügeln. Sachte (sachte). Ich übe. Ich habe Zeit. Ich gewinne Höhe. Die oberen Stäbe des Käfigs sind der Zenit. Jetzt ist es geschafft. Es gibt Grenzen. Es gibt Hoffnung. Jenseits der Grenzen gibt es Hoffnung, die von den Grenzen nicht begrenzt werden kann." (Identität)

In „Exil" verbindet Heise gekonnt Surreales („eine Bö wirft von einem Baum eine Strickleiter aufs Klavier") mit alltäglich Erscheinendem: „Man gräbt den Garten um. Aber schließlich tut man kein Samenkorn in die Erde. Man vergißt bloß, in einer Mulde, den Spaten", um mit einer traurig-schönen Conclusio zu enden: „Ja, so ist es recht; die sommerliche Papierrose durch eine wahrhaftige Aster ersetzen. Abends wird dann die Hoffnungslosigkeit zu einem Exil."

Hans-Jürgen Heise zeigt in diesem Destillat aus seinem umfangreichen Oeuvre einmal mehr, „daß nichts so real ist wie die Vorstellungskraft, die seit je den Schlußstein des Wirklichkeitsgebäudes bildet."

Hans-Jürgen Heise: Gedichte und Prosagedichte 1949-2001, Wallstein Verlag, Göttingen 2002. 440 Seiten

Philippe Jaccottet

Philippe Jaccottets „Paysages avec figures absentes" wurden in ihrer Originalausgabe bei Gallimard/Paris bereits 1970 verlegt. Daß diese Prosastücke -dank einer vorzüglichen Übersetzung ins Deutsche - auch heute, mehr als zwanzig Jahre später, noch so viel zu sagen haben, spricht für die hohe Qualität und zugleich die Zeitlosigkeit der Jaccottetschen Poesie. 1988 wurde der Autor mit dem internationalen Petrarca-Preis ausgezeichnet. Dennoch bleibt er für das deutsche Publikum erst noch zu entdecken. In den „Landschaften mit abwesenden Figuren" beschreibt er das Land, die Gegend der Drôme, die ihm seit vierzig Jahren zur Heimat geworden ist.

Schon nach den ersten Sätzen fühlt man sich erinnert an die hymnischen Verse eines Walt Whitman oder an Jean Giono, die ebenfalls ihre heimatliche Landschaft besangen. Was sich dem Leser offenbart, ist Dichtung in ihrer schönsten Ausprägung, genau das, was Philippe Jaccottet bereits auf den ersten Seiten so beschreibt: „Es gibt noch Augenblicke, in denen wir beschenkt werden, dann vor allem, wenn wir nicht danach verlangt haben." Ein solches unvermutetes Geschenk wird zuteil beim Lesen dieses Buches. Prosastücke werden sie genannt, die einzelnen Kapitel mit Eindrücken, Beschreibungen und Meditationen über „Unsichtbare Vögel", „Der Wald, das Kornfeld", „Zweierlei Licht", um einige zu benennen. Aber eigentlich handelt es sich um Dichtung, um lyrische Dichtung, denn den Lyriker, der Jaccottet ebenfalls ist, kann er nicht verleugnen, genauso wenig wie seinen Umgang (durch sein umfangreiches und bedeutendes übersetzerisches Werk) mit Dichtern wie Ungaretti, Montale, Mandelstam, Hölderlin und Rilke. Seine Prosa ist reine Musik und könnte ebenso gut in Verse gesetzt sein: Diese bildhafte Sprache, und doch ist der Dichter zugleich so vorsichtig, fast scheu, Bilder zu gebrauchen, als könnten sie etwas vom Geheimnisvollen, von der tieferen Bedeutung der Dinge und Landschaft durch ihre Benennung, durch vergleichende Bildsymbole zerstören. „Diese Bilder sagen immer ein wenig zuviel, sind kaum wahr; man sollte eher der Richtung folgen, in die sie deuten".

So ist in diesen dichterischen Beschreibungen einer Landschaft Konkretes auf eine schwebende Art eingefangen. Das ergibt einen eigentümlichen Reiz einer Vorläufigkeit, ohne daß deshalb die Eindrücke als flüchtig erfahren werden. Vielmehr wendet sich der Leser dem tieferen Leben zu, dem „wovon zu träumen wir nicht aufhören."

Sowohl vom Sprach-Rhythmus als auch von den Gedanken fühlt man sich manches Mal erinnert an Rilkes Elegien und Hölderlins Oden. Ja, noch in dem Gestus der Enthaltung, weil, wie Jaccottet bemerkt, das Beschriebene sich zugleich entfernt, indem man versucht, Umrisse festzuhalten, sich das Wesen - sei es einer Gegend, sei es eines Baumes oder eines Freundes - entzieht. Man beraubt sie ihrer Bewegung und damit ihres Lebens. Deshalb versteht sich Philippe Jaccottet als ein Vorübergehender, der alles nur streift, der es grüßt und empfängt als Geschenk, aber es nicht zu halten versucht. „Mein einziges Geschäft", so schreibt er, „war, zu gehen, zu wandern, aber- und abermals, mich zu erinnern, zu erraten, zu vergessen, inständig zu bleiben (was für eine wunderbare Formulierung! I.S.), aufs neue zu entdecken, mich zu verlieren".

Wo auch immer man dieses Buch aufschlägt, begegnet man bereits in wenigen Zeilen einem ganzen Kosmos, einer abgerundeten und doch offenen Philosophie - sollte man sagen, des Traumes? Denn obwohl am Wirklichen der Welt entzündet, glühen die Feuer einer traumhaften Welt, einer wunderbeladenen. Und schon bald versteht man, *daß* die Landschaft des Dichters

48

sich an jedem Ort befinden könnte, wenn man sie nur zu sehen versteht.

Wann ist mir zuletzt ein solches Buch begegnet? Es ist ein großartiges Buch voller Weisheit, nicht im Sinne einer Lehre, sondern einer lebendigen Erfahrung. In ' den einzelnen Abschnitten, die wie Ausflüge sind, auf die man sich - im Lesen fortfahrend - mehr und mehr freut, reist man gegen die Zeit: im Erinnern, Verweilen, Vergessen und dabei ganz Gegenwärtig-Sein. „ ... zwischen Himmel und Erde, niemals draußen, immer innerhalb des unendlich Umfangenden, frei, doch innen, da ganz nah, in der Gabelung der silbrigen Äste, ohne Erwartung, vor nichts auf der Flucht, ein Reisender ... " Eine solche Erfahrung wünsche ich sehr vielen Lesern.

Philippe Jaccottet: Landschaften mit abwesenden Figuren. Aus dem Französischen übersetzt von Friedhelm Kemp. Klett-Cotta, Stuttgart 1992. 160 Seiten

Marie Luise Kaschnitz

Marie Luise Kaschnitz, geborene von Holzing-Berstett, entstammte einer adligen Offiziersfamilie. 1901 in Karlsruhe geboren, wuchs sie in Potsdam und Berlin als jüngste von drei Schwestern auf, die jede auf ihre Weise künstlerisch begabt war, in einer noch aristokratisch geprägten Welt und mit dem einzigen nach ihr geborenen Bruder, der endlich der Erbe der Güter sein würde. Marie Luise Kaschnitz hat zeitlebens unter dem Gefühl von Unerwünschtheit und Ungeliebtheit gelitten, und vielleicht wurde diese frühe Erfahrung für sie zum Motor ihres schriftstellerischen Schaffens.

Bezüge zur Kindheit finden sich vielfach in ihrem Werk, ja sie prägen ihre gesamte Dichtung wie eine Hintergrundfolie, auf der sich alles spätere Erleben abzeichnet. Im schöpferischen Wiedererleben von kindlichen Alpträumen, Qualen der Einsamkeit, realen Ängsten und Spannungen befreit sich die erwachsene Dichterin vom Druck einer mehr belastend und leidvoll als glücklich erfahrenen Kindheit.

Die dichterische Gestaltung ihres Lebensstoffes in gleichzeitigem Verschlüsseln und exakten Beschreiben, durch Distanzschaffen und Ichbezogenheit, Identifikation und Abgrenzung erzeugt nicht nur in diesem Werk, sondern ebenso in ihrer Lyrik und den Kurzgeschichten den typischen „Kaschnitz-Sound", der, weil er immer so vieles offen läßt, den Leser soghaft hineinzieht ins Geschilderte und Reflektierte.

Marie Luise Kaschnitz absolvierte nach dem Lyzeum eine Buchhändlerlehre in Weimar und München. In Rom trat sie in einem Antiquariat eine Stelle als Buchhändlerin an und lernte dort ihren späteren Mann, den Archäologieprofessor Guido von Kaschnitz-Weinberg kennen. Nach ihrer Heirat 1925 wendete sich Kaschnitz intensiv der Literatur zu. Umfangreiche gemeinsame Reisen an antike Grabungsstätten (in Griechenland, im Orient, in Afrika) gaben ihr viele Anregungen zum Schreiben. Die Begegnung mit der Antike wurde zu einem wesentlichen Bestandteil ihres frühen lyrischen Werks, das noch ganz von traditionellen Formen, z.B. des Sonetts, geprägt ist.

Die Tätigkeit ihres Mannes, die sie von Rom nach Königsberg (bis 1937), danach

nach Marburg (bis 1941) und schließlich nach Frankfurt führte, wo Guido von Kaschnitz jeweils eine Professur innehatte, bewirkte bei Marie Luise Kaschnitz ein intensives Eintauchen in eine Welt der Wissenschaften unterschiedlichster Disziplinen. Kaschnitz war von einem enormen Wissensdurst beflügelt, so als wolle sie bisher Versäumtes nachholen. Ihr Interesse galt dabei nicht nur der Literatur, sondern ebenso der Kunst und der Mythologie, die sie sich dann auch schreibend erarbeitete. Sie schrieb beispielsweise Aufsätze über Goya, Rembrandt und Michelangelo und eine vielbeachtete Biographie über den Maler Gustave Courbet.

Mythologisches hat die Kaschnitz lange gefesselt, es taucht in vielen Gedichten auf und in einem eigenen Band mit Neudeutungen antiker Mythen „Griechische Mythen" (1943).

Marie Luise Kaschnitz hat vor dem Krieg zwei autobiographisch gefärbte Romane „Liebe beginnt" (1933) und „Elissa" (1937) veröffentlicht. Es blieben ihre einzigen. Sie hat die Romanform nicht wieder aufgegriffen. Vielmehr wurde nach 1945 die Kurzform, ob in der Prosa, im Gedicht oder Essay ihre eigentliche Ausdrucksform. Sicherlich hat die während der Kriegsjahre erfahrene Zertrümmerung und Zerstörung nicht nur von Menschen und Orten, sondern auch von humanistischen Werten, zu einer veränderten Perspektive in ihrer Wahrnehmung von Welt beigetragen.

Bei Kaschnitz führte die nur als gebrochen erfahrene Wirklichkeit zu einem radikalen Stilwandel, weg vom klassischen gereimten Gedicht hin zur freien Metrik. Je später, desto mehr treten Verdichtung und Verknappung als prägende Stilmittel in den Vordergrund. Mit einer starken intuitiven Sprachkraft sprechen ihre Gedichte vom Schrecken des Krieges, vom Leiden der gesamten Kreatur.

Eine Welt aus Asche und Trümmern breitet sich vor dem äußeren und inneren Auge der Dichterin aus, und sie kann und will nicht länger schweigen zu den Greueln und dem verheerenden Unrecht, das der Krieg und das unmenschliche System des Nationalsozialismus verursacht haben. Klar, nüchtern, ohne Beschönigung beschreibt Kaschnitz diesen Vorgang in dem Gedicht „Bedrohung": „Die ihre Häuser ohne Fenster bauen / Kein Lichtschein nachts / Weil Lichtschein Gefahr bedeutet / Die ihre Ohren verstopfen / Ihre Augen nach innen drehen / Weil sehen und hören / Gefahr bedeutet / Die nicht ja sagen nein sagen / Weil Ja-sagen Nein-sagen Gefahr bedeutet / Sie bleiben am Leben."

In den ersten Nachkriegsjahren macht sich Marie Luise Kaschnitz an die Aufarbeitung der Kriegs- und diktatorischen Vergangenheit und warnt zugleich bereits vor einer Verdrängung des Geschehenen. „Den billigen Trost, den manche Leser vom Gedicht erwarten, habe ich nicht geben wollen", sagt sie. Folgerichtig werden ihre Gedichte zur bitteren Anklage und Zeitbilanz. Trauer, Zorn. Entsetzen über Verfall und Tod, Zerstörung und Leid, ein Abgesang an alles Schöne - denn „das Schöne erstirbt mir unter der schreibenden Hand" - finden in ihren Nach-kriegsgedichten, die ihren Ruhm als Dichterin be-gründen, in immer neuen Suchbewegungen Ausdruck in einem neuen, ganz eigenen Ton: präzise, knapp, fast kühl - und gerade darin be-klemmend. „So werden wir / Du Bruder und ich / Hinübergehen / Schuldig. / Denn freizuspre-chen ist keiner."

Wohlgefälliges, Glattes, Harmonisierendes wird man in ihren Gedichten und Erzählungen vergeblich suchen. Vielmehr richtet Kaschnitz beispielsweise im „Tutzinger Gedichtkreis" scho-nungslos ihre Anklage auch gegen Gott. „Ge-dankt wofür / Für Biafra und Indochina / Für die

Gaskammern Folterkammern Todeszellen / Für den schäbigen Trost / Die winzige Verheißung / Dafür gedankt?".

In die Zeit erneuter Romjahre (1952 - 1956) fiel 1955 die Auszeichnung mit dem Georg-Büchner-Preis. Guido von Kaschnitz war mit der Leitung des deutschen Archäologischen Instituts in Rom betraut worden und Marie Luise Kaschnitz kehrte in die Stadt, die sie als ihre zweite Heimat bezeichnet hat, mit Freude und gewonnenem Selbstbewußtsein als bekannte Schriftstellerin zurück.

Aus dieser Zeit gründete ihre bis zu deren Tod andauernde Freundschaft mit Ingeborg Bachmann. Einig waren sich die beiden Dichterinnen in der Auffassung, daß nur in der Wahrheit und Unerbittlichkeit von Sprache auch eine verändernde Wirkung im Alltags- und politischen Geschehen erreicht werden könne. Dann,

1958, bereits nach Frankfurt zurückgekehrt, erilte die Dichterin der schlimmste Schicksalsschlag ihres Lebens, der Tod ihres über alles geliebten Mannes. Der Gedichtband „Dein Schweigen. Meine Stimme" (1962) vereinigt die unvergleichlichen, von Trauer und Schmerz über den Verlust und die Unersetzlichkeit des am meisten geliebten Menschen gezeichneten Gedichte. Nur schreibend ist es Marie Luise Kaschnitz möglich, sich tastend dem Leben wieder zuzuwenden. Es sind stilistische Meisterleistungen. Gerade in diesen Klageliedern wächst ihr poetisches Können zur Höchstform heran; ihre Fähigkeit, schmucklos und glasklar zu sprechen, die unsichtbaren Räume zwischen den Zeilen mit dem Allerwichtigsten, das ausgespart wird im Benennen, auszufüllen.

Ein besonders eindrucksvolles Gedicht aus diesem Band heißt „Auferstehung": „Manchmal stehen wir auf / Stehen zur Auferstehung auf / Mitten am Tage / Mit unserem lebenden Haar / Mit unserer atmenden Haut. / / Nur das Gewohnte ist um uns. / Keine Fata Morgana von Palmen / Mit weidenden Löwen / Und sanften Wölfen. / / Die Weckuhren hören nicht auf zu ticken / Ihre Leuchtzeiger löschen nicht aus. // Und dennoch leicht / Und dennoch unverwundbar / Geordnet in geheimnisvolle Ordnung / Vorweggenommen in ein Haus aus Licht."

Hier tritt auch eine Komponente in Kaschnitz' Schreiben zutage, mit der sie sich selten explizit auseinandersetzt und die doch immer wieder in Gedichten und den tagebuchförmigen Aufzeichnungen auftaucht, die Frage nach dem Glauben. Dabei war Kaschnitz vor allem an der eines Weiterlebens nach dem Tode interessiert. Mit der Schriftstellerin Luise Rinser hat sie sich mehrfach darüber unterhalten und von jener eine positive Antwort auf ihre diesbezügliche Frage erhalten. Ihre Gedichte „Nicht mutig" und „Ein Leben nach dem Tode" (beide in „Kein Zauberspruch") sprechen eine deutliche Sprache. So gewiß es für sie ist, daß „Gott, täglich totgesagt, lebt und seine Liebesmacht, in die am Ende alle eingehen", so verschweigt Marie Luise Kaschnitz ebenso wenig ihre Unsicherheiten und Zweifel, ihre Einsamkeit, Verzagtheit und Ratlosigkeit, was ihre Aussagen um so glaubwürdiger macht.

In ihrem gesamten Werk verbindet Marie Luise Kaschnitz private Erfahrungen mit engagierter Zeitgenossenschaft. Das Schwermütige war ein Wesenszug ihrer Dichtung ebenso wie die verspielte Leichtigkeit, die aber, wie Kaschnitz einmal bekannte, Produkt künstlerischer Anstrengung war. Daß sie ihren letzten Vortrag, den sie infolge ihres unerwarteten Todes nicht mehr halten konnte, „Rettung durch die Phantasie" überschrieb, zeigt, wie sehr sie bis zuletzt an die verwandelnde Kraft der Poesie geglaubt hat. „Dichtung, die eine Not nicht mehr wendet, wird nicht zerschlagen, sondern vergessen", sagte sie darin.

„Der Dichter soll das Erwünschte verschweigen und das Unerwünschte sagen", meinte Marie Luise Kaschnitz und hielt sich daran. Ihre Gedichte und Prosa-Aufzeichnungen sprechen von Schmerz und Tod, von Ratlosigkeit und Zweifel, Unaufgehobenheit, Zerstörungen und Verstörungen: „Halte nicht ein bei der Schmerzgrenze / Halte nicht ein / Geh ein Wort weiter / Einen Atemzug / Noch über Dich hinaus".

Und so kann sie nicht aufhören zu sprechen über Beschädigungen, die Menschen anderen Menschen und der Natur zufügen.

In ihrem letzten zu Lebzeiten erschienenen Band „Orte" formuliert Marie Luise Kaschnitz die Spannung zwischen Wunsch und Wirklichkeit, die ihr Antrieb ist zum Schreiben: „Die Welt soll in Ordnung sein, ist aber nicht in Ordnung...Darum das Schwarzsehen, die poesie noire. Aus lauter Glücksverlangen, das aber nach und nach immer unpersönlicher wird, nicht mehr mich selber meint". Und da ist ja auch immer noch unausgesprochene Hoffnung, Glaubenssehnsucht und diese ihr ganz eigene offene und sie verletzbar machende Ehrlichkeit: „Was wollen wir wissen / / noch wissen? / / Nichts was uns selbst angeht / Auch / nichts von drüben / Nur ob Frieden sein wird / Gerechtigkeit / Eines Tages / Hier" („Vulnerable").

Marie Luise Kaschnitz starb am 10. Oktober 1974 während eines Rombesuches. Sie wurde beigesetzt in Bollschweil im Schwarzwald, auf dem Friedhof des alten Herrensitzes der Familie von Holzing-Berstett an der Seite ihres Mannes.

Olly Komenda-Soentgerath

In die Geschäftsräume der GEDOK Köln wurde zu einem Literaturabend mit der Lyrikerin Olly Komenda-Soentgerath eingeladen. Frau Komendas Befürchtung, die Räume im dritten Stock eines normalen Wohnhauses im Kölner Lindenthalgürtel würden für Ortsunkundige schwer zu finden sein und sie müsse möglicherweise vor „dreieinhalb Zuhörern" lesen, trifft nicht zu. Das Gegenteil ist der Fall.

Ihr Name hat genügend Klang und Anziehungskraft, um ausreichend Zuhörer auch an versteckte Plätze zu locken, auch zu dem Zeitpunkt, als sie noch nicht mit der Ehrengabe zum Andreas-Gryphius-Preis ausgezeichnet worden war. Diese hohe Ehre, verliehen von der Künstlergilde Esslingen, wurde ihr Ende Januar zuteil.

Zu Lesungsbeginn wird es in dem spartanisch einfach ausgestatteten Raum geradezu drangvoll eng. Das hat den Vorteil für die Zuhörer, der Lesenden sehr nah zu sein. Das grelle Deckenlicht wird gelöscht. Sie liest beim Schein einer Stehlampe, der nur den Tisch mit den Büchern erhellt und ihre Hände. Ich habe den Eindruck, so ist es ihr recht: sich selbst ganz zurückzunehmen und Raum zu geben einzig dem Wort.

Olly Komenda-Soentgerath, die sich vor allem als Lyrikerin einen Namen gemacht hat sowie als Übersetzerin der Gedichte des Literatur-Nobelpreisträgers Jaroslav Seifert, die sie bereits 1982 vom Tschechischen ins Deutsche kongenial übertrug, liest zuerst aus ihrem Prosaband „Im Schatten Prags", Texte mit autobiographischem Hintergrund. Aus den zwei Erzählungen, die sie mit ruhiger Stimme vorträgt, erfahren wir einiges von den Drangsalierungen und Demütigungen, denen die Deutschen in der Tschechoslowakei nach Kriegsende durch die tschechischen „Revolutionsgardisten" ausgesetzt waren.

Der Dichterin und ihrer Familie gelang die Flucht, die sie auf einem entbehrungsreichen und abenteuerlichen Weg durch Internierungslager, schließlich auf einem Viehwaggon nach Deutschland in das noch völlig zerstörte Köln führte. Seit 1946 hat sie hier eine neue Heimat gefunden, doch ihre Sehnsucht und Erinnerung gilt immer wieder Prag, wo sie 1923 geboren wurde. In Prag studierte Olly Komenda-Soentgerath Germanistik und Geschichte und veröffentlichte im „Prager Tagblatt" ihre ersten Gedichte und Erzählungen. Haß und Aggression sind bei der Dichterin nicht zurückgeblieben durch ihre Vertreibung aus der Heimat. Schlicht erklärt sie: „Einer muß die Hand reichen." Und so war sie stets um Verständigung zwischen Deutschen und Tschechen bemüht. So war es für Jaroslav Seifert ein Anliegen, ihre Gedichte in Tschechische zu übersetzen (sie wurden in mehreren Bänden publiziert), damit, wie er wünschte, diese Verse von „glühender Eindringlichkeit" „Bestandteil unserer Heimat werden".

In der Tat, von den Gedichten, denen der größte Teil der Lesung gewidmet ist, geht eine ungeheure Intensität aus. Olly Komenda-Soentgerath liest aus ihren beiden zuletzt erschienenen Lyrikbänden „Die Zeit ist ein Kreis" und „Erst wenn die Boten kommen". Wenn sie mit leiser, aber eindringlicher Stimme ihre Verse vorträgt, geht gleichsam ein Kraftstrom auf die Zuhörer über. Die Themen kreisen um die großen Menschheitsfragen: Liebe und Vergehen, Einsamkeit und Tod, Ohnmacht und Hoffnung, Verlust und Glück. Manchmal wird sie gebeten, ein Gedicht zu wiederholen. Dann schaut die Dichterin fast ein wenig ungläubig und fragend auf, ob es wirklich so groß sei das Interesse an ihren leisen Worten. Dabei dürfte sie sich dessen durchaus sicher sein. Ihre Poesie findet derzeit auch international große Beachtung. Gedichtbände in englischer und - was eine Rarität ist - in arabischer Sprache sind erschienen.

In einer Art Traumsicherheit vermag OKS der Sprache immer wieder neue Bilder abzugewinnen: „Die Ewigkeit/ist unverdaulich. // Wir nähren uns / von ihren zerstückelten Happen / und hungern / in der Zeit der Uhren / nach der Ur-Zeit / der Ewigkeit." (Ur-Zeit). Bei aller Leichtigkeit und auch Konzentriertheit ihrer Poesie ist stets ein schwermütiger Grundton herauszuhören, der zutiefst anrührt und eines jeden scheinbare Sicherheit erschüttert. Diese erstaunliche Ehrlichkeit, die fragt: „Was weiß ich?", die mit einer fast mystischen Einfachheit akzeptiert, daß nichts bleibt von uns, „werden wir Leinwand, / in deiner Leinwand, / als wären wir nie gewesen" (Ein Film nur) und die dennoch Bilder unsagbarer Schönheit zu schaffen vermag: „Einen Sommer / durchzusingen / als Zikade, /in das Licht verliebt, / schön und unnütz, / und in der / ersten Herbstnacht / zu erfrieren / mit dem Lied / zwischen den Flügeln", das zeugt von einer großen inneren Kraft.

Nach ihrer mit tiefem Ernst gehaltenen Lesung bricht stürmischer Applaus hervor. Und nun ist es, als sei von der Dichterin eine ungeheure Spannung genommen. Sie beantwortet Fragen aus dem Publikum und beginnt zu erzählen. Und dabei blitzt eine ganz feine Art von Humor, den man auch in ihren Gedichten zuweilen findet, als sie erzählt, wie früh sie schon mit dem Dichten begonnen habe. Anstelle eines Schulaufsatzes habe sie ein Gedicht abgeliefert. Bange zwei Wochen folgten mit der Frage, ob nicht das Thema verfehlt sei. Aber der Lehrer erkannte ihr Talent. „Das ist nicht ihr erstes Gedicht, ich will die anderen sehen - alle. Das ist ein Befehl!" Schmunzeln. Lachen, Beifall für die Dichterin Olly Komenda-Soentgerath.

Günter Kunert

Am 6. März 1929 wurde der Schriftsteller und Lyriker Günter Kunert in Berlin geboren. Er stammt aus einer jüdischen Familie und wurde aus rassischen Gründen von der Oberschule verwiesen. 1946/47 studierte er an der Hochschule für angewandte Kunst in Berlin-Weißensee. In die Jahre 1951/52 fiel die Bekanntschaft mit Bert Brecht. Seit 1950 erfolgten regelmäßige Veröffentlichungen von Gedichten, Prosatexten und Reisebeschreibungen, die sowohl in der DDR als auch in der Bundesrepublik erschienen.

Günter Kunert war bereits einer der bekanntesten Lyriker der DDR, als er 1979 gemeinsam mit anderen prominenten DDR-Schriftstellern gegen die Ausbürgerung Wolf Biermanns protestierte und demzufolge als unerwünscht ausgewiesen wurde. Im selben Jahr übersiedelte Kunert mit einem zunächst befristeten Visum von Ostberlin nach Itzehoe. Dort lebt er heute.

Günter Kunerts Liste seiner Veröffentlichungen ist lang. Der erste Gedichtband „Wegschilder und Mauerinschriften" erschien 1950. Es folgten kontinuierlich Hörspiele, Filmdrehbücher, Gedichtbände, Erzählungen, kurze Prosa, Essays und ein Roman.

Obwohl er sich in allen literarischen Gattungen zu bewegen weiß, ist die Lyrik sicher seine ureigenste Sprachform. Kunert sagt: „In der Zwickmühle zwischen weltweitem Desinteresse und weltweiter Bevormundung erscheint es fast als Hauptaufgabe der Lyrik, überhaupt Lyrik zu bleiben und sich nicht zwischen den Mühlsteinen Zweckfreiheit und Utilitarismus zu Augenpulver zermahlen zu lassen."

Kunert betont, mit seinen Arbeiten nichts bewirken zu wollen, da er an eine Wirkung nicht mehr glauben könne. In einer Welt, die seit der Zeit der Aufklärung und in erschreckendem Maße in den letzten Jahren „vergiftet" sei durch ökonomisch-ökologische Katastrophen, sind für ihn die Menschen bereits der Chance beraubt, sich aus dieser verzweifelten Lage zu befreien. „Wir haben geträumt, daß die Menschen freundlicher werden und menschlichere Wesen. Das war eine Illusion." So bezeugte er in einem Zeit-Interview 1980 kurz nach der Übersiedelung.

„Ich singe den Durst / den niemals vergehenden, / Und ich singe Hoffnung, / Die sich wandelnde, / nicht alternde, / Unerfüllte.//" („Gesang vom Durst"). Es ist die Notwendigkeit, die den Autor zum Schreiben zwingt. Die innere und äußere. „Schreiben: damit sich ereignet, was jeder insgeheim wünscht: daß der Moment einem Moment lang Dauer behält und immer wieder erweckt werden kann."

Die Erkenntnis der Endlichkeit von Menschen, Dingen und Ideen läßt ihn nicht zur Ruhe kommen. In dem Gedicht „Verlangen nach Bomarzo" formuliert er seine Sehnsucht so: „Selber ein Fels sein. / Stillstehen mit der gewesenen Zeit / ... Da bleiben. Hierbleiben / Kristallinisch / solcher Landschaft sich innig verbinden: / wenigstens vorübergehend / unsterblich sein./"

Wenn auch seine primären Schreibmotive, wie er sagt, nicht eine beabsichtigte Wirkung seien, bleibt diese dennoch nicht aus. Wie Hans Bender im Nachwort zu seiner Anthologie „In diesem Lande leben w schrieb: „Gedichte sollen wirken, sie sollen nachgesprochen, verstanden, angewandt werden, sie sollen Fragen stellen und Fragen beantworten. Gedichte sollen provozieren."

Indem sich Günter Kunert mit seinen Gedicht (und Erzählungen) dem Leser stellt, kann er auch eine Wirkung nicht verhindern. So bewahrheitet sich eine frühe Aussage Kunerts: „Der Zweck des Gedichts glaube ich, ist sein

Leser, der, indem er sich mit dem Gedicht befaßt, sich mit sich selbst zu befassen genötigt ist." (Paradoxie als Prinzip, 1972)

Günter Kunert gibt durch seine oft fast rational kühle Beschreibung von Zuständen, aber auch durch Beschwörung von sehr suggestiven Bildern immer wieder Anlaß zum Nachdenken. „Im Moment, da man formuliert, um es zu begreifen, um einen möglich« Sinn darin zu entdecken, wächst es schon über d bloß Registrierte hinaus." (Kunert)

„Die Regen strömen und die Bäume / sterben. Und Vogelschwärme ziehen fort. / Herbst nistet früh an solchen Orten / und offeriert ein paar verwelkte Träume (Verheißung) Und in dem Gedicht „Augenaufschlag (nach Tschernobyl)" heißt es: „...weil nun anders als vordem / der Wind weht / Was er vor sich hertreibt über die unseligen Plätze / deiner mühevollen Anwesenheit / entblößt dich bald / bis auf die Knochen //"

Hier hört man den Kunert, der resigniert hat, weil i nicht mehr an seine utopischen, frühen Ideale glaubt. Durch die Artikulation seiner Betroffenheit und Trauer über die Zustände, wie sie sind, aber schafft er eine Bedingung fürs Überleben. „Solange man schreibt, ist der Untergang gebannt, findet Vergänglichkeit nicht statt und darum schreibe ich: um die Welt, die pausenlos i

Nichts zerfällt, zu ertragen." („Warum schreiben")

Durch Verdichtung und Umwandlung im Schreibprozeß wird auch Kunerts pessimistische Sicht in der Erfassung „jener dunklen Spiegelung von Wirklichkeit" (P. C. Mayer-Tasch) zur Voraussetzung eines Erkenntnisprozesses, der am Beginn einer potentielle Umkehr steht.

Immer noch ist Sprache mehr als bloßes Vehikel d« Benennung. Kunerts Erzählungen sind sehr oft im Rätselhaften, Phantastischen angesiedelt. Unwahrscheinliche Geschichten werden erzählt, als handele es sie um Begebenheiten aus dem Alltäglichen. Kunert wählt ungewöhnliche Perspektiven, um im Parabelhaften und Grotesken seine Verwunderung über das Sosein von Welt auszudrücken. „Mit bester Ironie und Heimtücke" - so hieß es in einer Rezension - macht sich Kunert beim Erzählen ans Werk. Nur so, scheint es, kann er sich seiner eigenen Ängste und die Ängste der heutigen Menschen von der Seele schreiben.

Gleichzeitig zieht ihn das Rätselhafte wie magisch an. Allein das ungelöste Rätsel birgt die Faszination für Kunert, die ihn nicht an der Sinnlosigkeit, d. h. Vergeblichkeit des Daseins verzweifeln läßt. „Müde alle Symbole / der scheinbaren Erklärung / ursprüngliche Rätsel / die unser Verständnis / nicht faßt" („Ein

Gleichnis für keins") will er sie als solche bestehen lassen und begibt sich dennoch in seinen
sprachlichen Annäherungen und Umkreisungen
immer wieder auf die Suche nach deren Lö-
sung.

Günter Kunert hat uns in fast vierzig Jahren
seines Schaffens intensive Zustandsbeschreibungen vorgelegt. Mit seinen literarischen Arbeiten liefert er nicht nur eine Chronik seiner
Existenz, sondern zugleich eine „Chronologie
der laufenden Ereignisse". „An meinen Texten
lassen sich recht gut die Brüche und Wand-
lungen der Sprache ablesen. Der Wandel des
einzelnen zeigt oft genug den Zeitwandel. —
Staunend vermerke ich das Übermaß an Hoffnung in meinen schriftstellerischen Anfängen in
den ersten Nachkriegsjahren, als die Verwirkli-
chung der sozialen Utopie nahe schien. Meine
Wissenschaftsgläubigkeit gehört ebenso zu jenen
frühen, irreal gewordenen Tagen wie die feste
Annahme, daß schließlich und endlich doch die
Vernunft siegen müsse." („Geständnis eines
Wortbruches", Zeitmagazin, 9. 8. 85)

Es liegt auch an uns, den Lesern, ob es bei der
Registrierung der Zustandsbeschreibungen
bleiben wird oder ob vielmehr, wie Hilde Domin in ihrem Buch „Wozu Lyrik heute"
schreibt, das Gedicht, Sprache überhaupt dazu
verhilft, „die Wirklichkeit, die sich unablässig

69

entziehende, benennbar und gestaltbar zu machen".

Die zunichte gewordene Hoffnung

„Sie, die Hoffnung, ist als Prinzip, dem sich Humanität und Moralität unterstellten, zunichte geworden", schrieb Kunert 1981 im von ihm herausgegebenen „Jahrbuch für Lyrik". So konstatiert er auch mit Bedauern den Verlust der Sinnhaftigkeit in der zeitgenössischen Kunst - eines im Werk immanenten Sinnes, der in „jenen fernen Tagen" auf den Gesetzen von Ästhetik und Moralität beruhte, die auch in der Gesellschaft normsetzend vorhanden waren. Wenn Kunst nur noch mit Hilfe von Interpreten und unter der „Anstrengung des Dekodierens" verständlich sei, habe sie ihre eigentliche Funktion und Aussagekraft eingebüßt, so äußerte sich Günter Kunert in einem Essay „Über die Sinnlosigkeit der zeitgenössischen Kunst„ („Die Zeit", 2. 12. 88). Kunerts Kunst besteht darin, trotz verlorener Hoffnung und „Sinnfälligkeit" im Aufrechterhalten des Spannungsfeldes zwischen bestehendem und nicht zu lösendem Rätsel, zwischen Wunsch und Wirklichkeit einen Freiraum entstehen zu lassen.

„Ich singe den Durst, / den niemals vergehenden..." Zwischen Traum und Realität ist kein

Zusammenkommen. Der Dichter bleibt „unterwegs nach Utopia... wo keiner lebend hingelangt / wo nur Sehnsucht / überwintert."

Für Kunert ist „Schreiben: ein wellenartiges Sichausbreiten nach allen Seiten, das Grenzen ignoriert und immer mehr und immer Unbekannteres einbezieht und erhellt." Dadurch hält er Wege offen für sich und für uns.

Peter Maiwald

Es war auf den Freudenstädter Lyriktagen, als Peter Maiwald Gedichte aus allen Schaffensperioden vortrug. Zu Beginn der Lesung erwies Maiwald der im Publikum anwesenden Hilde Domin seine Reverenz, der, wie er sagte, seit er Lyrik zu schreiben begonnen habe, seine Bewunderung und Verehrung gelte. „Zum ersten Mal trete ich eine Lesung mit Herzklopfen an," gesteht er, und mit einer Geste der Bescheidenheit sagt er: „Man versucht stets, das Beste zu geben."

Peter Maiwald, das muß gleich hervorgehoben werden, ist ein Vortragskünstler. Längst nicht alle Autoren verstehen es, ihre Texte wirkungsvoll vorzulesen.

Bei Maiwald fühlt sich der Zuhörer wie im Theater - er lauscht einem Schauspieler. Seine Gedichte werden zu Bühnenstücken, wenn der Autor seine Stimme hebt und senkt, mit unterschiedlich getönten Stimmen spricht wie in Rollen. Dabei sind seine Augen lebhaft aufs Publikum gerichtet, seine Hände in ständiger Bewegung wie bei einem Dirigenten. Maiwald, den

Eindruck gewinnt man, dirigiert sich selbst und zugleich seine Zuhörer. Vorherrschende Stimmung in seinen Gedichten ist Leichtigkeit und Heiterkeit, basierend auf einer eigenen Art von Humor: „In Nesseln gesetzt/nun: Blasige Haut./Den Feinden entwetzt/so: Damit vertraut.//Die Lippe riskiert/so: Zähne verlorn./Die Freunde geniert/nun: Blick ohne Zorn." (Bilanz).

Da erstaunt die Erklärung des Poeten, daß die meisten seiner Gedichte unter ernsten Umständen geschrieben wurden. Aber wenn man eine Weile zugehört hat, spürt man die Trauer hinter der Komik, die Verletzlichkeit hinter dem Humor. „Will auf dich warten./Mal kommst du doch./Wälz mir den Stein/vom Lebensloch.//Wälz meinen Leib/auf Erden her./Sei du mein Mensch/und ich dir schwer." (Auferstehung).

Lyrik kann beschwingt und leicht sein. Dafür sind Maiwalds Gedichte ein schönes Beispiel. Leicht wie fliegende Vögel, die auch die Bewegungen seiner Hände suggerieren.

In diesen Kabinettstücken grenzt der Spaß manchmal ans Groteske, der traurige Schalk ans Resignative, welches ihm jedoch die Ernsthaftigkeit zu verbieten scheint. Das Verrätselte liegt Peter Maiwald fern, er hält es mit dem Volkstümlichen, baut zuweilen Redensarten ein.

Beim Zuhören meint man, auf Bekanntes zu stoßen und gewinnt unerwartet neue Perspektiven durch kleine Schlenker ungewöhnlicher Sprachschöpfungen. Es wird geschmunzelt, ja gelacht wie bei den Spaßen eines Clowns, den jeder liebt, weil er mit der traurigen Maske Weises zu verkünden hat.

„Vor meinen Augen/schwarzes Papier./Worte wie Augen/schwärzen sich mir.//Auf meiner Bühne/blutrot die Welt./Bitter die Miene/die mich erhält.//Nicht mehr ums Ganze/nur noch am Stück./Wortnarr, nun tanze/bleischwer zum Glück." (Nachtstück).

Viel ist von Liebe die Rede, der schönsten und wohl oft auch traurigsten Sache der Welt, von Abschieden, von Verlust. „Bis auf Weiteres/leb ich von deinem Lachen/und denk mir alles Gute aus/das wir uns nicht mehr machen.//Bis auf Weiteres/les ich in deinen Briefen/schau Fotos an und mach das Bett/als ob wir darin schliefen./... Bis auf Weiteres/verlob ich mich mit Bäumen/mit dicker Rinde wetterfest/weil die den Platz nicht räumen." (Bis auf Weiteres).

Manchmal, so sagt er, erkennt er sich in den Gefühlen von damals nicht wieder. Dann trägt er ein Gedicht mit Ironie vor, um Abstand herzustellen.

Die Lebendigkeit der Lesung, der begeistert applaudiert wurde, hatte einen Haken, denn manches ging durch ein unzureichendes Mikrophon akustisch verloren.

Spitzbübisch mich über den Rand seiner Brille ansehend, als ich ihm ein Buch zum Signieren reiche, schreibt er hinein: "Anläßlich der Vernichtung eines Dichters durch ein Mikrophon".

Das ist Peter Maiwald. Und so ist seine Dichtung: prägnant und anschaulich, ohne Metaphorik und doch von jener Doppelbödigkeit und Selbstrelativierung, die ein Kunstwerk ausmachen.

Stéphane Mallarmé

Der Würfelwurf des Stéphane Mallarmé

In dem zweisprachigen Band "Stéphane Mallarmé - Gedichte" wird eine Auswahl an Versgedichten, Prosage-dichten, die fragmentarische Dichtung "Igitur" und das poetische Vermächtnis "Un coup de dés jamais n'abo-lira le hasard" dieses bedeutendsten Vertreters des Sym-bolismus, in neuer Übersetzung und Kommentierung vorgelegt.

Stéphane Mallarmé (1842-1898) bekannte sich mit seiner Kunst bedingungslos zur Gültigkeit der poetischen Spra-che, die in ihrer Vollendung die Wirklichkeit übertrifft, ja, die in einer vom Künstler geschaffenen Symbolik einer anders nicht ausdrückbaren inneren imaginären Wirklichkeit Ausdruck verleiht. Die grundsätzliche Fra-ge nach dem Verhältnis von Leben und Kunst, die in seinem Werk überall zutage tritt, macht seine Aktualität bis zum heutigen Tage aus.

Die dunkle Metaphorik seiner Dichtung, das Sich-Entziehen einer eindeutigen Interpretation, das in seiner Hermeneutik nicht auf Kommunikation angelegt ist, war richtungweisend für die moderne Poesie. Mallarmé, kurz vor Beginn des 20. Jahrhunderts gestorben, stand an der Nahtstelle zur Moderne, die bereits Anzeichen eines Orientierungsverlustes durch das Ablehnen traditioneller Denk- und Glaubensstrukturen zutage treten ließ.

Mallarme vertritt eine "poésie pure", eine zweckfreie Kunst, eine sich selbst reflektierende Dichtung, in der Sprache vor ihrer Profanisierung - wie sie in der Unterhaltung und Information erfolgt - bewahrt wird. Diese neue Poesie, wie er sie verstand, setzt bewußt auf das Ungewöhnliche, Rätselhafte, um dem Vertrauten und Normalen auszuweichen und damit nie dagewesene Verbindungen zu ermöglichen.

Die Dichtung hat keinen anderen Seinsgrund als sich selbst. Sie ist "ein Sagen, das seine Evidenz in sich selber hat."(Hugo Friedrich).Mallarmés Poesie ist reine Sprache, die ihr Genügen in sich selber hat. Dem Dichter selbst ist auf dieser Odyssee beschieden: Solitude, recif, étoile (Einsamkeit, Klippe, Stern)

Trotz dieser Selbstgenügsamkeit und einer scheinbaren Ferne zum Leser fordert Mallarmé diesen andererseits sogar zum schöpferischen Mittun auf, etwa im "Motto" zur Prosa-Dichtung "Igitur": "Diese Erzählung wendet sich an die Intelligenz des Lesers, die selber die Dinge in Szene setzt."

Der deutsche Text bietet Anregung und Verständnishilfe, wo man der französischen Sprache nicht genügend mächtig ist, um im Hinüberschwingen von der einen zur anderen Seite ein umso größeres Entzücken an der Sprachmelodie der Mallarméschen Verse zu erfahren.

Eine überaus profunde Kommentierung zu jedem einzelnen Gedicht klärt über Entstehungsdaten, ursprüngliche Gedichtfassungen, Beziehungen zu anderen Dichtern sowie die Rezeptionsgeschichte einzelner Werke auf. Der Kommentar macht gut ein Drittel (zieht man die Übersetzung ab, sogar die Hälfte) des Buches aus.

Auch auf die vielfältigen Bezüge zur griechischen Mythologie, auf die Querverbindungen zu Baudelaire und E.A.Poe wird ausführlich und kenntnisreich hingewiesen. Es werden Selbstzeugnisse Mallarmés in Briefen, Zeitschriften u.a. herangezogen, sowie Kommentare und kritische Ausgaben zu Mallarmés Werk von anderen Autoren. Eine Bibliographie ist dem Band angefügt.

Hier ist zweierlei angesprochen, was die Mallarmésche Poesie bewirken will, die aktive denkerische Mitarbeit des Lesers und die Imagination des In-Szene-Setzens. Die Symbolik der Sprache ist bei Mallarmé nicht mehr Allegorie und geht deshalb über jede eindeutige Interpretation hinaus.

Sie erfordert dynamisches Denken und <u>zugleich</u> die "rèverie", ein Sich-Überlassen dem Wortstrom, also einem passiven Zustand, der Hypnose ähnlich. Mit dieser Suggestion als poetischer Verfahrensweise will Mallarmé beim Leser, wie er selbst sagt, "jene köstliche innere Freude, aufgrund derer dieser glaubt, selber zu schöpfen", erzeugen.

Die hier vorliegende Textauswahl ist der erste Band einer auf zwei Bände konzipierten Werkausgabe. Diese Neuübersetzung und Neukommentierung tritt neben die seit 1957 in 4.Auflage bestehende Gesamtausgabe der Gedichte Mallarmés, in der Übertragung durch Carl Fischer, im selben Verlag erschienen.

Gerhard Goebel, Übersetzer und Kommentator dieses neuen Bandes, ist Professor für Romanische Philologie in Frankfurt und hat außerdem Kirchenmusik und Theologie studiert. Durch seine Doppelbegabung als Sprach- und Musikwissenschaftler scheint er mir in besonderer Weise geeignet für diese Neuübersetzung. Sein musikalisches Empfinden läßt ihn tief in die Musikalität der Mallarméschen Sprache eindringen und sie dadurch kongenial in die deutsche Sprache übertragen, allerdings dergestalt, daß es den Leser stets dazu drängt, das Original (die Ausgabe ist zweisprachig) heranzuziehen.

Es werden durch Goebel nicht "eigene" Gedichte (wie sie beispielsweise in der Übersetzung durch Stefan George entstanden) als Äquivalent an die Seite der Originale gestellt. Bewußt wird auf Reimbildung verzichtet. Die klangliche Schönheit der Mallarméschen Gedichte ist ohnehin im Deutschen wohl kaum zu erreichen. Ein Beispiel aus dem Gedicht "Tristesse d'Eté" (Sommertraurigkeit) mag dies belegen. Die letzten beiden

Strophen lauten: "Mais ta chevelure est une rivière tiède,/Où noyer sans frissons l'âme qui nous obsède/Et trouver ce Neant que tu ne connais pas!//Je goûterai !e fard pleure par tes paupieres, /Pour voir s'il sait donner au coeur que tu frappas/L'insensibilité de l'azur et des pierres."

"Doch Dein Haar ist ein lauer Fluss, drin ohne Schaudern/Wir die Seele, die uns besessen hält, ertränken-/Jenes Nichts finden können, das du noch nicht kennst.//Die Schminke will ich kosten, die dir von den Lidern/Tränt und will sehn, ob sie dem Herzen, das du trafst, /Die Unfühlsamkeit gibt des Azurs und der Steine." Es macht aber gerade den Reiz dieser zweisprachigen Ausgabe aus, dass man sich <u>unbedingt</u> mit dem Original auseinandersetzen will.

Nicht unerwähnt bleiben soll die ausgezeichnete Einleitung von Bettina Rommel und die detaillierte Zeittafel, mit denen der Leser in die Zeit und das Schaffen Mallarmés eingeführt wird. Die Mythenbildung um den "poète maudit", die kultische Verehrung des berühmten "Maître" mit seinen berühmten "Mardis", den wöchentlich in seiner Wohnung stattfindenden literarischen Zirkeln, werden hier in den Zusammenhang der Kunstszene seiner Zeit, aber auch der heutigen Zeit gestellt.

Am Beispiel des Symbolisten Mallarmé wird die Entwicklung der modernen Dichtung, zu deren Wegbereitern er gehört, deutlich. Das (dichterische) Ich ist nicht mehr eine Ganzheit aus Körper, Geist und Seele, sondern zerrissen,isoliert,"Perdus, sans Mats, sans mats, ni fertiles ilots..." (Verloren, maßlos, mastlos , fruchtbar, kein Atoll...), ohne Hoffnung vor dem Nichts. Aber: "Après avoir trouvé le Néant j'ai trouvé le Beau." (Nachdem ich das Nichts gefunden habe, fand ich die Schönheit.)Die Schönheit, die sich im reinen Vers wie in der Musik ausdrückt.

Nicht umsonst hat die klangliche Schönheit der Mallarméschen Sprache zahlreiche Vertonungen seiner Gedichte evoziert, z.B. durch Ravel, Hindemith, Débussy, Boulez und auch durch den Übersetzer Gerhard Goebel.

Mallarmé selbst hat seine Dichtung "Un coup de dés" das Textbild spielerisch wie eine Musikpartitur verwendet. Er hat darin ein polyphones Orchesterwerk mit Worten komponiert, das sowohl in seinem Aufbau als auch in seiner Aussagekraft zu Recht als sein dichterisches Vermächtnis gilt. Goebel geht hierauf in seinem Kommentar ausführlich ein. "Ein Würfelwurf bringt nie zu Fall Zufall" - so der Titel des Gedichts - dazu schreibt Goebel: "Der Würfelwurf ist also im wesentlichen   Wahrheitsentwurf,   Weissagung....insofern als er seine Funktion nur in der Stunde der Wahrheit, die diejenigedes Todes ist, erfüllen kann", womit wir zurückkehren zur Ausgangs-Situation, der Frage nach Kunst und Leben.

Stéphane Mallarmé: Gedichte, Französisch und Deutsch, übersetzt und kommentiert von Gerhard Goebel, unter Mitarbeit von Frauke Bünde und Bettina Rommel, Verlag Lambert Schneider, Gerlingen, 1993, 442 Seiten, gebunden

Ernst Meister

Ernst Meister, der dichtende Philosoph und metaphysische Lyriker aus Hagen in Westfalen wäre jetzt achtzig Jahre alt geworden. Zu Unrecht ist dieser Dichter des Existentiellen fast in Vergessenheit geraten. Obwohl er mit zahlreichen bedeutenden Preisen ausgezeichnet wurde, u.a. 1976 mit dem Petrarca-Preis und 1978 mit dem Rilke-Preis, außerdem Mitglied des PEN und der Deutschen Akademie für Sprache und Dichtung war, gehörte Ernst Meister auch zu Lebzeiten nicht zu den einer breiten Öffentlichkeit bekannten Autoren.

Unabhängig von stilistischen Zeitströmungen, unbeeindruckt offenbar auch von politischen Strömungen und deren Einflußnahme auf die literarischen, stark politisch geprägten Aussageformen der späten sechziger und der siebziger Jahre schuf Meister an seinem poetischen Werk, welches sich den Grundfragen der Existenz verpflichtet weiß.

Bereits in seinem ersten Lyrikband - zur Zeit seiner Veröffentlichung war Ernst Meister erst 21 Jahre alt - sind seine Gedichte geprägt von dem Bewußtsein des Geworfenseins ins Sein, das seine Spannung bezieht aus seinem Gegenteil, dem Nichts.

So heißt es in einem dieser frühen Gedichte: „Im Nichts hausen die Fragen./Im Nichts sind die Pupillen groß./Wenn nichts wäre, o wir schliefen jetzt nicht". Aus dieser Dialektik bezog Ernst Meister seinen poetologischen Impetus. Sein Bemühen um Erkenntnis mündete für ihn unausweichlich darin, daß er die Dinge „von ihrer Vernichtbarkeit" verstehen mußte. „Lang oder kurz ist die Zeit, /und das Wahre, /das sich ereignen wird, / heißt Sterben".

Im Licht der Endlichkeit werden Natur, Mensch, Liebe stärker erfahren. Meisters Blick geht den Dingen unter die Haut, sieht das Endstadium allen Werdens, das Vergehen, schon mit: nicht den Kopf sondern den Schädel, nicht den Körper sondern das Skelett. Lehm, Asche, Grau, Tod, Sterben, Grab sind Insignien Meisterscher Welterfahrung und deren lyrischer Umsetzung. „Im Zeitspalt/ein Gedanke gewesen ... / / Was folgt, /ist nicht Schlaf, /sondern Skelett,//Das wissen/die Verständigen aber."

An dieser „kosmischen Preisgegebenheit", wie er selbst das *Los* des Menschen einmal bezeichnete, trug Ernst Meister schwer. Sprachlich in der Tradition Hölderlins und Rilkes stehend, werden seine anfangs noch von klassischer Rhythmik getragenen Gedichte durch immer stärkere Verknappung der lyrischen Form zu abstrakt-hermetischen Gedankengebäuden. Meisters Lyrik ist vielfach als verrätselt, verdunkelt, unzugänglich angesehen werden.

Man spürt, daß dieser Dichter wesentliche Dinge in Sprache kleidet, die jeden Menschen angehen. Ernst Meister formulierte es in einem poetologischen Statement knapp und präzise so: „Mein Gedicht sagt, was ich weiß./Es fragt dich, was du weißt." Sprache hatte für ihn nur Sinn, wenn sie Sinn, d.h. Gedanken vermittelte.

Denken und Bewußtsein wurden mehr und mehr zu zentralen Themen seiner Gedichte. So verwundert es nicht, daß die Lyrik Ernst Meisters hohe Anforderungen an den Leser stellt. Hans Bender sprach einmal davon, wer sich mit dem Werk Ernst Meisters befasse, den zwinge es, „auf sein Niveau hinaufzusteigen." In einem Gespräch mit Jürgen P. Wallmann bekannte Meister, „daß bei mir Dichten identisch ist mit Denken".

Und das bedeutete für ihn das ständige Kreisen um die großen Fragen von Dichtung und Philosophie: der Mensch in Raum und Zeit, Werden und Vergehen, Leben und Tod. Die Ansprüche der zivilisatorischen Umwelt sind nicht sein Thema. Einer Welt aber, die ihn durch ihre Vergänglichkeit und Zerstörbarkeit bedrohte, setzte er seine autonome Sprache entgegen, um überleben zu können.

Seine bereits im Frühwerk angelegte Hinwendung zum Tod, als letzter und einziger Gewißheit gerät manches Mal beinahe zu einer Todessehnsucht oder auch zu illusionsloser und utopieloser Feststellung: „Hier bin ich/jetzt und/jetzt schon/nicht mehr hier." Die deprimierende Einsicht, daß selbst der Gedanke, das Denken und also auch das Dichten vergänglich sind, führen Ernst Meister dennoch weder zum Aufbegehren noch zur Resignation.

„Nichts/dir so bekannt, /wie daß/auch Vernunft/sterblich sei.//Sie, des Traums/Seherin." So gilt, was der Lyriker Christoph Meckel in seiner Rede zur Verleihung des Ernst-Meister-Preiscs sagte: daß die Poesie „eine unbeweisbare Form von Hoffnung und ein unverzichtbares Element von Zukunft" sei.

In seiner Dichtung unermüdlich das formulierend, verknappend, präzisierend, was ihm eigentlich die Sprache hätte verschlagen müssen, entwickelte Meister eine metaphysische Sprache des Todes. Nicht das Jenseits, nicht Gott, auch nicht eigentlich der Mitmensch, auch nicht die Natur waren für Ernst Meister das Zentrum seines Denkens und seiner Kunst. Ironisch stellt er fest: „Mit den Binsen/ geschwätzt und auf Schilf/Denken geschrieben."

Meister hat geglaubt, - und dazu verpflichtete ihn seine Redlichkeit - in einer Welt der naturwissenschaftlichen Erkenntnisse sei kein Platz mehr für den Mythos und für eine Geborgenheit des Menschen wie in einem theozentrischen Weltbild. „Dies, daß du/ein Kind warst/des Alls, /ist dahin".

Trotzdem ist nirgendwo Selbstmitleid zu spüren. Im Sinne Hölderlinscher Poetik schafft Meister streng konzipierte Elegien in einer bis auf archaisches Maß reduzierten Sprache. „Hier, /gekrümmt/zwischen zwei Nichtsen, /sage ich Liebe./Hier auf dem/Zufallskreisel/ sage ich Liebe".

Diese Gedichtzeilen stammen aus dem Band „Sage vom Ganzen den Satz" (1972). Der Titel ist durchaus programmatisch zu verstehen. Zeit seines Lebens versuchte Ernst Meister - in einer Art von „objektloser Religiosität", wie Hans-Jürgen Heise es formulierte - sich dem *Ganzen* oder wie man auch sagen könnte, dem *Grund* zu nähern. „Der Grund kann nicht reden" - darum lieh der Dichter diesem sprachlosen Grund seine Worte.

Seine Poetologie hat gleichermaßen sensuellen und kognitiven, existentiellen und meditativen Charakter. Von Licht ist die Rede, von Schnee und Rose, Schilf und Erde, Himmel und Abgrund, Mensch und Gott, Torheit und Weisheit, Kind und Schmetterling, Gras und Baum, Geist und Leere.

In dem folgenden Gedichtband „Im Zeitspalt" (1976) und dem anschließenden letzten „Wandloser Raum" (1979) wird die Geschlossenheit von Form und Thematik in einer äußersten Klarheit der Sprache vollendet. Meister hat es - je später, desto weniger - nötig, sich sprachspielerisch, wortzertrümmernd oder surrealistisch (wie noch in den frühen Gedichten) zu artikulieren.

Er treibt die Sprachaussage bis zu einer Lakonik, die dennoch immer lyrisch bleibt. „Geist zu sein/oder Staub, es ist/dasselbe im All.//Nichts ist, um/an den Rand zu reichen/der Leere .. Was ist, ist/ /und ist aufgehoben/im wandlosen Gefäß/des Raums."

Die Gedichte seines letzten Gedichtbandes sind in meiner Sicht die Essenz seines Arbeitens am Wort, an der Sprache. Kürzer, präziser, wahrer kann ein Gedicht nicht sprechen. Viele Gedichte werden geradezu zu Sentenzgedichten in einer epigrammatischen Form: „Der Erkennende/ist der Gräber,/die Erkenntnis das//Grab. Der/Gipfel der Ohnmacht/ ist unten."

Ernst Meister bekannte in einem Interview mit Jürgen P. Wallmann - ein halbes Jahr vor seinem Tod und wahrscheinlich das letzte, das der Dichter gegeben hat - daß er „Pascalsche Gedanken" habe. „Das heißt: Meine Gedanken waren auf das, was man Ewigkeit nennt, ausgerichtet."

Meister spielte damit auf den Begriff „Zeitspalt" an, mit dem Pascal die Lebensfrist zwischen einer „Ewigkeit vorher" und „einer Ewigkeit nachher" bezeichnet hatte. Doch im Bewußtsein der Todesproblematik, haben diese Gedanken für ihn nichts Tröstendes.

Er bekennt weiter: „Es kommt bei mir auf keinen Fall jetzt so etwas wie eine Art von Heilung zustande - jedenfalls muß ich das für diesen Augenblick behaupten". Noch gilt für ihn das Paradox vom „wandlosen Gefäß", der Zwiespalt zwischen Erkenntnis der Endlichkeit und der Sehnsucht nach Ewigkeit.

Zwei Tage vor seinem Tod schreibt Ernst Meister sein Gedicht von einer - wie mir scheint - fast kindlichen Einfachheit: „O BLUMEN!/Hier auf dem Balkon/seh ich euch stehn/im Sonnenlicht/das   lösliche   Gewölbe.//Ihr   ändern auch/seid gegenwärtig." Erstmals hat man hier - ausgenommen in manchen seiner Liebesgedichte

- den Eindruck, daß sich für ihn in einer Hinwendung zu denen oder dem, was ihm gegenwärtig ist wie die Blumen vor seinen Augen, durch die bewußte sinnliche Wahrnehmung der Schönheit der Schöpfung (Blume, Sonnenlicht, lösliches Gewölbe) etwas auftut, was man als Befreiung oder Erlösung bezeichnen könnte. Seine lebenslange Qual, sein Gram über die Vergänglichkeit, das Sterben, den Tod, das erinnerungslose Auslöschen scheint in diesen letzten Versen in einer wunderbaren Leichtigkeit aufgehoben.

Ernst Meister starb am 15. Juni 1979 in seiner Heimatstadt. Posthum wurde ihm im selben Jahr für sein lyrisches Werk der Georg-Büchner-Preis verliehen, Die letzte von ihm verbürgte Aussage lautet: „Ich bleibe also dabei, daß das Menschendasein ein unwahrscheinlich riskantes, aber dann eben doch letzten Endes durch Sprache auszudrückendes Abenteuer ist."

Müller Herta

In ihrem ersten Band „Im Haarknoten wohnt eine Dame" mit den collagenhaft zusammengefügten Poemen erzählte die Nobelpreisträgerin Herta Müller verdichtet von dem, wovon auch ihre Romane handeln: Angst, Bedrohung, Tod und Fremdsein, Verlust und Einsamkeit.

Ein in vielerlei Hinsicht einmaliges Werk, dem sie nun einen weiteren Collageband hat folgen lassen. Sie habe die Gedichte nicht anders als auf diese Weise „schreiben" können, sagt sie im Gespräch mit mir. Ins Bild gesetzte Risse, Brüche, noch in sich zerstückelte Worte sprechen von einer Biografie, der alles Selbstverständliche abhanden gekommen ist. Sie erinnern – sicher nicht zufällig – an die bewusst herbeigeführte Anonymität von Flugblättern oder Erpresserbriefen, bei denen weder an der Handschrift noch an den Typen einer Schreibmaschine der Absender erkannt und zurückverfolgt werden kann.

„Moral ist das hart bezahlte Gegenteil von politischem Opportunismus. In der Versachlichung des Lebens auf den Formularen kommt sie nicht vor", schreibt Herta Müller in einem Essay und erläutert im Gespräch ihr Ringen um moralische Integrität: „Ich wollte mein Umfeld verändern. Ich wollte nicht Dinge tun, die ich nicht verantworten konnte."

Herta Müller, 1953 in Nitzkydorf im deutschsprachigen rumänischen Banat geboren, schildert in ihren Werken das bedrückende Leben der deutschen Minderheit im diktatorisch regierten Rumänien. Sie hat ihre Heimat trotz politischer Verfolgung unter der Diktatur Ceausescus nicht verlassen wollen. Erst als das Leben nicht mehr zu ertragen war, mit allen Repressalien wie Berufsverbot, Veröffentlichungsverbot, Schikanen, Verhören bis hin zu Morddrohungen, stellte sie 1987 einen Ausreiseantrag nach Deutschland, wo sie seitdem lebt.

Hunger ist keine Metapher, er kriecht hinein in den Leser

Herta Müller verlangt viel von ihren Lesern. Was sie erzählt und vor allem, wie sie es tut, lässt keine Distanz zu. Herta Müller hat eine Sprache, die einmalig ist in der deutschen Gegenwartsliteratur. Sie ist bedrängend, ja beängstigend, und ihrer Suggestivkraft kann man sich nicht entziehen. Ich kenne niemanden, der so schreibt, der so schreiben kann.

Hunger ist keine Metapher, er kriecht hinein in den Leser, der den Hunger nicht kennt. Der Frost und die Kälte lassen ihn frieren. Herta Müller entwickelt den Handlungsstrom ihrer Romane in Fragmenten, in Einzelbildern von scharfer Genauigkeit. Risse, Brüche sind hier wie auch in ihren Gedichtcollagen substanzielle, ja existenzielle Notwendigkeit.

Die Teile können aneinandergefügt werden, aber die Brüche werden für die Autorin immer da sein. Festhalten kann sie sich nur an der Genauigkeit im Detail.

Und weil die Allgegenwart von Unterdrückung und Angst, von Hilflosigkeit und Selbstbetrug, von ohnmächtigem Widerstand und Kollaboration selbst noch Landschaften und Dinge zu durchdringen scheinen, personifiziert Herta Müller diese häufig, schreibt ihnen Eigenschaften und Tätigkeiten zu, die normalerweise nur Personen zustehen.

„So zu schreiben", sagt Herta Müller, „war eine Möglichkeit zu überleben. Da musste man sich in leblose Dinge verwandeln, um nicht irr zu weinen, irr zu lachen, nicht irr zu schreien.“

„Literatur insgesamt besteht aus Beschädigungen“

Wenn Herta Müller von solchen Gräueln erzählt, wird ihr Erzählen noch nervöser, noch gehetzter als in der übrigen Zeit. Denn ein Grundtenor von Unruhe, ja Gehetztheit ist immer da. Sie spricht schnell und ohne Pausen. In den hart intonierten, sich aneinander aufreibenden Wörtern, dem hin und her wandernden Blick, erkennt man auch jetzt noch die Beschädigungen, die die Tyrannei ihr zugefügt hat.

„Meine Überzeugung ist, dass Literatur insgesamt aus Beschädigungen besteht“, sagt sie. Bei Herta Müller haben diese zu einer bedingungslosen Sprache geführt, zu einem unbeugsamen, wachsamen und mikroskopischen Blick auf Details. Bei ihr bedeuten Wörter wie Gürtel, Fenster, Strick, Schere, Tür, Schrank, Koffer, Sack und Haar einen ganzen Kosmos von Zwang, Not, Erstarrung, Tod. Sie nimmt den Leser hinein in das grundsätzliche Fragen nach „Sein oder Nichtsein“.

„Im Sommer haben sich vier aus dem Fenster gestürzt, macht nichts, macht nichts. Wenn sie nicht springen, sterben sie im Bett." In solche hintergründige Ironie kleidet Herta Müller oft Szenen, die im Grunde vom Nicht-Erzählbaren handeln: von Verzweiflung und Hilflosigkeit, von Gleichgültigkeit, Abstumpfung und Hoffnungslosigkeit eines immerwährenden Schreckens.

Im Gespräch sagt sie dazu: „Das, was die Freude verhindert, gerade weil sie nicht möglich ist, daraus entsteht ja der Galgenhumor. Er ist zugleich defensiv und offensiv. Weil man weiß, nichtsdestotrotz! Offensiv vielleicht für den eigenen Halt, aber defensiv nach außen hin gegenüber den Umständen, in denen man sich befindet." Und sie fügt hinzu. „Man macht sich ja nichts vor. Man weiß ja Bescheid." Und lacht ein leises Lachen.

Herta Müller hat die angewandte Utopie der sozialistischen Diktatur schmerzlich erlebt, in der ein Paradies auf Erden versprochen wurde. „Das Ziel veränderte sich nie und seine Entfernung von uns auch nicht: Das Glück war nah und noch nicht erreicht. Zum Greifen nah war das Glück, aber davor stand lückenlos nur Unglück."

Deshalb ist für Herta Müller nicht von Bedeutung, was gewünscht, gehofft und versprochen wird, sondern ein Leben in kleinen Schritten, ein Festhalten an kleinen Gesten, nur im Jetzt. Und das Jetzt ist für Herta Müller ein zerbrechliches Etwas.

In ihrer Rede zur Verleihung des Kleist-Preises 1994 sagte sie: „Es gibt für das, was das Leben ausmacht, keinen Durchblick. Nur gebrechliche Einrichtungen des Augenblicks." Aus Herta Müllers Büchern kann man, wenn man sich ihrer komprimierten Prosa, ihren eigenständigen Bildern anvertraut, lernen: dass wir uns nicht hinwegmogeln können über die Paradoxität des sogenannten Normalen; dass wir nicht gedankenlos über das reden dürfen, was wir nicht selbst von innen heraus kennen; dass wir nicht Schlimmes rückblickend verharmlosen dürfen, dass wir die Reise um die Welt machen müssen und sehen, ob da, wo vorne das Paradies verriegelt ist, es hinten irgendwo offen ist, wie Kleist sagt.

Herta Müller erzählt mit sehr leiser, trauriger Stimme, wie sie viele Menschen habe zerbrechen sehen. Ihre Worte kommen einzeln, stockend, als sie noch einmal von den Beschädigungen spricht, die Menschen haben erfahren müssen: „Beschädigungen entstehen nicht nur in Diktaturen. Jede Gesellschaft ist in der Lage, Beschädigungen anzurichten. Im Grunde kann jede Situation einen Menschen beschädigen, in ein Schlingern bringen, dem er nicht mehr gewachsen ist. Dafür gibt es ja auch kein objektives Maß, was einer aushält und was nicht. Und was man nicht aushält, merkt man erst, wenn es so ist. Das Zerbrechen ist immer erst zu merken, wenn es da ist.“

Nun legt Herta Müller einen neuen Gedichtband vor, mit dem Titel „Vater telefoniert mit den Fliegen“. Wieder handelt es sich um ein für die Sinne in mehrfacher Hinsicht inspirierendes Werk.

Neben den vielfarbig und in unterschiedlichsten Schriftgrößen und -typen gestalteten Wörtern gibt es zu jedem Text ein meist surreal anmutendes Bild, das wie die Wörter aus Zeitungsbildern zusammengeklebt und verfremdet ist.

Es ist ihre erste Veröffentlichung seit der Verleihung des Nobelpreises im Jahre 2009 und dem Erscheinen des fulminanten Romans „Atemschaukel“ über das Leben ihres Freundes Oskar Pastior. Als ein Jahr später herauskam, dass Pastior für den rumänischen Geheimdienst gearbeitet hatte, geriet auch die

Nobelpreisträgerin in Erklärungsnot. Vielleicht hat Herta Müller auch aus diesem Grunde sich lieber dem Spiel mit den Wörtern überlassen, als einen neuen Roman zu schreiben.

Worum es in Herta Müllers Büchern geht – um Freiheit, um Wahrheit –, wird nicht mit diesen Vokabeln benannt, die uns viel zu leicht über die Lippen kommen. Wahrheit wird bei ihr zu einem Kirschkern auf der Zunge. Man kann ihn ausspucken, man kann sich daran verschlucken.

Bei ihren neuen Gedichten kann sie es sich zum ersten Mal auch gestatten, im Ernst Skurriles und manchmal sogar Lustiges durchschimmern zu lassen. Doch so leicht die geklebten Verse und Miniaturprosastücke auch daherkommen, man über ungewohnte Wortkombinationen schmunzeln kann, unterschwellig ist doch immer ein Lebensernst herauszuhören, der der Dichterin Herta Müller wohl nie abhanden kommen wird.

„Als ich vom Verhör kam/ war ich niemandes Kind mehr"

„Milch ist der Zwilling von/ Teer in Weiß oder/ Schwarz kann man lügen/ Mutter schiebt

ein Bonbon/ im Mund hin und her/ Vater telefoniert mit den/ Fliegen." „Das Leben ist kein/
Rätsel sagt der Busfahrer/ sondern eine
Schachtel/ mit einer Zirkustaube drin/ schade
dass/ ich mir/ sicher bin." Oder: „Als ich vom
Verhör kam/ war ich niemandes Kind mehr/
und mit mir nicht mehr verwandt/ am Straßen-
rand liefen die Möbel/ der Bäume nur wo kam/
der Wind her."

In der Sprache Müllers fällt noch etwas
anderes auf, ein Wort, das selten zu hören ist:
„überendlich". Für die Schriftstellerin ist es
ein Wort, das sie nicht durch ein anderes ersetzen, erklären oder interpretieren könne und
wolle. „Ich spürte", heißt es im Roman „Herz-
tier", „was überendlich für Menschen bedeuten
konnte."

Und auf dem Friedhof am Grab eines
Freundes, der sich aus dem Fenster gestürzt
hatte, sagt die Ich-Erzählerin: „Ich wusste
nicht, wie das Wort überendlich hierher auf
den Friedhof kam. Aber ich wusste an diesem
Grab, was es immer schon bedeutet haben
musste."

Da kann ein Gedicht wie dieses aus ihrem
neuen Band fast schon so etwas wie Trost sein:

„Draußen/ an den leeren Fahnenstangen/ hört man zum Glück/ nicht mehr die Eisenringe/ singen, vielleicht trauen sich jetzt/ die Kraniche zurück."

Herta Müller: Vater telefoniert mit den Fliegen. Carl Hanser Verlag, München 2012, 207 Seiten, gebunden

Inge Müller

Eine Tagebuchnotiz vom 13.9.57 führt mitten hinein in das schwierige und tragische Leben der Dichterin Inge Müller: „Es ist der fürchterlichste Zustand, wenn einem der Tod natürlich und das Leben ein Wunder erscheint."

1925 in Berlin geboren, wurde Inge Müller zwanzigjährig als Luftwaffenhelferin eingezogen, und bei einem Bombenangriff auf Berlin blieb sie drei Tage lang verschüttet. Ihre Eltern grub sie eigenhändig aus den Trümmern, konnte sie jedoch nur tot bergen. Sprechen, lyrisch das Unsagbare auszudrücken, war fortan ihr Leben. „Noch als ich jung war, war ich alt/Und wußte, ohne zu verstehen" heißt es in einem ihrer vielen den Krieg thematisierenden Gedichte.

Sie als „zufällig Übriggebliebene" mußte sich immer aufs Neue das Fürchterliche vergegenwärtigen, um nicht an ihren Fragen nach dem Warum zu ersticken. Die unter Trümmern Begrabene sehnte sich zeit ihres Lebens nach Schutz und Zärtlichkeit. Im Jona-Fragment, einem autobiographischen Romanentwurf, schreibt sie: „Ich habe mich immer gesehnt nach Händen, die so sanft sind wie deine." Und sie wollte leben -trotz des Traumas des Lebendig-Begraben-Seins und obwohl der Tod ihr wie ein Verfolger stets auf den Fersen war. „Millionen Hände brauch ich/Mich trägst du nicht, Tod, ich mach mich schwer/Bis sie kommen und graben/Bis sie mich haben/Du gehst leer" (Unterm Schutt II).

In Inge Müllers Gedichten liest man sich hinein in einen furchtbaren Überlebenskampf, dem sie am Ende nicht mehr gewachsen war. 1966 nahm sie sich das Leben. Es war der letzte einer langen Reihe von Selbstmordversuchen. Und dabei hatte sie es anders gewollt: „Schreiben wollt ich/Farbe finden/Worte verstehen/Lieben/ Sehen/Weitergehen" (Frage).

Obwohl Inge Müller schon in ihren frühen Gedichten eine sehr eigenständige Sprache gefunden hatte, sind zu ihren Lebzeiten keine Lyrikbände von ihr erschienen. Vielleicht hat sie geglaubt, sich abschirmen zu müssen vor der Zudringlichkeit des Lesers. Um so erstaunlicher ist ihre Stilsicherheit: der Reim, die Reduktion, die Tonalität. Ein schmaler Gedichtband „Wenn ich schon sterben muß" erschien erstmals 20 Jahre nach ihrem Tod.

Bevor Inge Müller 1955 den jungen, damals noch relativ unbekannten Dramatiker Heiner Müller heiratete, hatte sie bereits Texte für Kinder veröffentlicht, wandte sich dann aber ganz überwiegend der Zusammenarbeit mit ihrem

Mann zu. Die Stücke „Der Lohndrücker" und „Die Korrektur" waren eine Gemeinschaftsarbeit, für die beide 1959 den Heinrich Mann Preis erhielten.

In dem nun im Aufbau-Verlag erschienenen Auswahlband von Inge Müllers Lyrik, Prosa und Tagebuchaufzeichnungen kann man endlich Einblick gewinnen in ein sehr eigenständiges Werk, ein Oeuvre von großer Einheitlichkeit. Am beeindruckendsten sind und werden wohl bleiben ihre Gedichte, die Ausdruck einer tief erlebten Einsamkeit sind und der permanenten Anstrengung, sich am Leben zu erhalten.

Todesbilder tauchen in vielen Variationen auf, und wenn zusätzlich die Metapher des Laufens häufig ins Bild genommen wird, spürt man fast körperlich ihr Gejagdsein. „Laufen hab ich gelernt/In den Weg geworfen von der Mutter/Ich sah die Mutter laufen/Vom Vater weg und zu ihm hin/Freund vorm Freund/Feind vorm Feind/... Vom Regen in die Traufen:/Die Welt muß laufen/ Ins Ziel. Wohin?" (Bergsteigen).

Fast jedes Gedicht spricht davon, wie todesschwer sie am Leben trug. „Das ist Leben/Ich weiß nicht wie./Meins kenn ich nur und kann/Nur das zu Ende bringen/Ich häng wie ihr an irgendeiner Schnur./Das mühe ich mich aufzuheben./Warum nur?" (Als hätten wir nicht alle Wunden). Und gab sich doch im selben Gedicht auch die Antwort: „Und daß kein Sinn ist/ Außer diesem einen/Zu sein." Es sind großartige Gedichte, und wir müssen dankbar sein, daß wir sie jetzt kennenlernen dürfen.

Sicher war die immer größer und stärker werdende Gestalt Heiner Müllers an ihrer Seite nicht unschuldig daran, daß man sie nicht genügend wahrnahm als eigenständige Dichterin, daß man sie einfach übersah. Wolf Biermann hat in einem Brief, der neben Essays anderer Autoren zu Inge Müllers Werk in diesem Band steht, treffend ausgedrückt, wie die damalige Situation bei manchen DDR-Schriftstellern aussah: „Wir wollten die Menschen retten und hatten nicht die Puste für den Nächsten." Sie alle hatten Probleme genug (mit sich selbst, mit dem Schreiben, mit dem Machtapparat). Eine so Leise wie Inge Müller, die nahm man gar nicht wahr. Biermann: „Durch diese Frau hab ich durchgeguckt."

Fast wäre der Inge-Müller-Band nicht erschienen wegen des Biermann-Liedes „Legende vom Selbstmord der Inge Müller im Jahre "66", das ursprünglich mit in den Band sollte, was aber die Witwe Heiner Müllers, Brigitte Maria Meyer, verhinderte. Durch einen Kompromiss der Herausgeberin Ines Geipel konnte er dann doch erscheinen. Und das Biermann-Lied kann man anderswo nachlesen/hören. Es ist eine ungewöhnliche Hommage an die tote Dichterin, die auch er zu wenig beachtet hatte: „Dichterfrau - was soll das heißen: etwa Weib des Mannes/ Der da dichtet oder Frau, die selber Worte schichtet".

Inge Müller, die Verschüttete, die immer am Abgrund Stehende, deren Furcht es war, daß sie „ersticke am Leisesein", sollte dreißig Jahre nach ihrem Tod aus dem Staub des Vergessens, aus den Trümmern zerbrochener Ideologien herausgeholt werden. In dem Band „Irgendwo; noch einmal möcht ich sehn" gibt es vieles zu entdecken, Schmerzliches und Wahres, Inge Müllers Leben und immer auch das eigene - wie in jeder großen Dichtung: „Ich weigre mich Masken zu tragen/Mich suche ich/Ich will nicht daß ihr mich nachäfft/Ich suche unser Gesicht/nackt und veränderlich" (Masken).

Eine Erinnerungsstelle für sie wurde auf dem Pankower Friedhof in Berlin erst nach dem Tod Heiner Müllers gesetzt. Die vorliegende Auswahl aus ihren Texten mit Fotos und Reflexionen zu ihrem Werk stellt ein mindestens ebenbürtiges Stück Erinnerung dar.

Inge Müller: Irgendwo; noch einmal möcht ich sehn. Lyrik, Prosa, Tagebücher. Mit Beiträgen zu ihrem Werk. Herausgegeben von Ines Geipel, Aufbau-Verlag Berlin 1996. 368 Seiten

Sylvia Plath

Zugegeben, der Titel des Gedichtbandes klingt schwerfällig und animiert nicht unbedingt, einen solchen Band zur Hand nehmen zu wollen, wobei man schon beim Grundproblem ist. Lyrik zu übersetzen gehört wohl zum Schwierigsten überhaupt, und vollkommen gelingen kann es sicher nie. Jede Übersetzung kann stets nur eine Annäherung sein an Melodie, Rhythmus oder Reim der jeweiligen Originalsprache.

Deshalb ist es ein Gewinn, wenn der Originaltext der Übersetzung gegenübergestellt wird, wie in dem soeben erschienenen Lyrikband „Der Koloss" der amerikanischen Schriftstellerin Sylvia Plath (1982-1063).

Es handelt sich um ihren ersten und einzigen zu ihren Lebzeiten veröffentlichten Gedichtband. 1960 erschien diese Sammlung unter dem Titel „The Colossus And Other Poems" in England, 1962 dann auch in den USA.

Der von der Dichterin erhoffte Erfolg dieses ersten eigenständigen Buches war bescheiden. Obwohl ihre außerordentliche Begabung schon in ihrer Schulzeit und während ihres Literaturstudiums erkannt und sie mit zahlreichen Preisen und Stipendien ausgezeichnet wurde, erlangte sie erst posthum – nach ihrem Selbstmord 1963 und nach Erscheinen ihres autobiographischen Romans „Die Glasglocke" wirkliche Berühmtheit.

Sylvia Plath erlangte in den siebziger Jahren des vorigen Jahrhunderts geradezu Kultstatus, weil sie zu einer Symbolfigur der Frauenbewegung stilisiert wurde, obwohl diese zu ihren Lebzeiten noch gar nicht existiert hatte.

Sicher strebte Sylvia Plath nach Eigenständigkeit und Selbständigkeit in ihrem Leben und besonders auch in ihrem Schreiben. Der Berufswunsch Schriftstellerin stand für sie schon früh fest.

Von frühen Vorbildern wie W.H. Auden und W.B. Yeats versuchte sie sich bald zu lösen. Von Beginn an wollte sie professionelle Schriftstellerin werden, schickte schon während der Collegezeit Texte an Zeitungen und Zeitschriften und konnte schon bald renommierte amerikanische und auch britische Publikationsorgane wie The New Yorker, The Boston Globe, Harper's oder Mademoiselle aufweisen.

Die Gedichtsammlung „Der Koloss" erscheint fünfzig Jahre nach dem Tod der Autorin zum ersten Mal in deutscher Übersetzung. Die Übertragung übernahm Judith Zander (Jahrgang

1980), die 2011 mit ihrem ersten Gedichtbands „oder tau" viel Anerkennung fand, nachdem ein Jahr zuvor ihr Romandebüt „Dinge, die wir heute sagten" für den Deutschen Buchpreis nominiert worden war.

Plaths bekanntester Gedichtband „Ariel", von ihrem Ehemann, dem britischen Lyriker Ted Hughes, 1965 herausgegeben, war in Deutschland 2001 in einer Übersetzung des Lyrikers Erich Fried erschienen. 2008 folgte eine von Alissa Walser übersetzte Neuausgabe.

Von welch außergewöhnlicher Qualität die Gedichte sind, kann man daran ermessen, dass Sylvia Plath für den Sammelband „Collected Poems" (1982) posthum der Pulitzer-Preis für Poesie ausgezeichnet wurde, was eine absolute Ausnahmeerscheinung in der Vergabe dieses bedeutenden Literaturpreises ist.

Sylvia Plaths Biographie war immer einerseits ein verlockendes Element, sich mit ihr als Autorin zu beschäftigen, anderseits ein Handicap in der kritischen Auseinandersetzung mit ihrer Kunst. Allzu leicht wurde die wirkliche Qualität ihrer Dichtung autobiographisch gedeutet und der tiefere, über das Persönliche hinausweisende Aspekt vernachlässigt.

Sylvia Plath verlor ihren Vater, als sie acht Jahre alt war. Ein tief einschneidendes Erlebnis, das sie wohl auch dazu veranlasste, mit elf Jahren mit dem Tagebuchschreiben anzufangen und es bis zu ihrem Tod fortzuführen.

Eine große existentielle Traurigkeit und Einsamkeit, manifestiert als Depression, führte zu ihrem ersten Selbstmordversuch mit 19 Jahren. Dieses Erlebnis, der anschließende Aufenthalt in der Psychiatrie, die Behandlung mit Elektroschocks hat Sylvia Plath in ihrem Roman „Die Glasglocke" verarbeitet.

Nach dem Literaturstudium lernte sie 1956 während eines Stipendiums im britischen Cambridge den damals schon bekannten Lyriker Ted Hughes kennen. Beide heirateten kurz darauf. Sie bekamen zwei Kinder. Doch Sylvia Plath fühlte sich überfordert von ihrem eigenen Anspruch an möglichst hohe Vollkommenheit in ihrer Dichtkunst und den Erfordernissen eines Familienlebens, was letztlich in dem Suizid mündete, den sie nicht überlebte.

Am 11. Februar 1963 nahm sie Schlaftabletten und legte sich vor den geöffneten Gasherd, ließ aber die Telefonnummer ihres Arztes auf dem Küchentisch liegen. Der Kritiker Al Alvarez, auch Freund von Ted Hughes und Sylvia Plath, war der Meinung, dass Sylvia Plaths Selbstmord ein Hilferuf gewesen sei, der leider durch eine Verkettung unglücklicher Umstände nicht gehört wurde.

Was der Nachwelt bleibt nach einem so unglücklichen Leben zwischen Sehnsucht und Traurigkeit, zwischen höchstem Anspruch und Zweifel, sind die Werke. Sylvia Plath hat Gedichte, Essays, Erzählungen und einen Roman geschrieben. Briefe und Tagebücher geben Auskunft über ihr Leben, Ihre Gedanken und Vorstellungen.

In den Gedichten sind diese ungleich schwerer nachzuvollziehen. Ganz sicher handelt es sich um keine Gebrauchslyrik. Das Gegenteil ist der Fall. Man muss sich einlassen wollen auf ihre Lyrik.

Die Verse strömen nicht leicht dahin, obwohl im englischen Original Musikalität und kompositionelle Vielseitigkeit einen großen Lesereiz ausüben.

Das titelgebende Gedicht „Colossus" behandelt den griechischen Mythos der kolossalen Statue von Rhodos, die bei einem Erdbeben zerstört wurde. Sie zählt zu den sieben Weltwundern und stellte den Sonnengott Helios dar.

Plaths Gedicht haben alle Interpreten auf ihren Vater bezogen, den früh Verlorenen, sprich Zerstörten, den das Kind Sylvia und später die Dichterin Sylvia Plath vergebens versucht zusammenzufügen, um ihn wieder auferstehen zu lassen.

„I shall never get you put together entirely" – eine einzige zu Herzen gehende Wehklage! Oft ist in dieser Gedichtsammlung vom Tod die Rede, was nicht verwundern kann, bedenkt man, dass Sylvia Plath an Depressionen litt.

Mit ihrer Mutter hat sie zeitlebens einen intensiven Briefwechsel gepflegt und sich darin stets von ihrer tüchtigen, intakten Seite gezeigt. Deshalb bleibt unklar, ob Sylvias Wunsch nach Liebe und Geborgenheit bei ihrer Mutter wirklich Erfüllung gefunden hat.

Richtig wohl hat sie sich anscheinend bei ihren Großeltern gefühlt. Bei ihnen in ihrem Haus am Ozean hat sie Freiheit und Geborgenheit erlebt.

In der Gedichtsammlung „Der Koloss" ist eins der stärksten Gedichte der toten Großmutter gewidmet. „Point Shirley" ist ein memento mori von sprachlicher Kraft und Schönheit: „Niemand überwintert nun hinter/ Den vernagelten Fenstern, wo sie Weizenbrote/Und Apfelkuchen/Zum Abkühlen hinlegte…Stetig die See/Im Osten von Point Shirley. Sie starb gesegnet/…Und obwohl deine Gnade strömen mag,/Und ich es glauben,/Großmutter, ist ein Stein nichts, das etwas von einem Zuhause hat."

Auffallend ist, dass in diesem Gedicht von Segen und Gnade die Rede ist. Zu Plaths anderen Gedichten ist das ungewöhnlich, und die Konnotation zu Liebe und Zuhause lässt sich nicht übersehen. Mir scheint, dass genau dies Sylvia Plaths uneingelöste Sehnsucht war.

Ihre Mutter hatte sich vom katholischen Glauben entfernt, der Vater war früh verstorben. Eine richtige seelische Heimat hat die Dichterin offenbar vermisst und nicht so recht finden können.

Interessant ist auch die Tatsache, dass sie im Studium neben Literatur und Philosophie auch Religion als Fach belegte. Obwohl Plath sich als „agnostische Humanistin" verstand, war sie wohl auch auf der Suche nach etwas anderem, was die Schwärze, Leere und Sinnlosigkeit in eine andere Richtung führen könnte.

Ein wichtiges Sujet in ihrer Lyrik war die Natur, in der das lyrische Ich sich spiegelt: „Auf dem steifen Zweig dort oben/Hockt eine nasse schwarze Krähe,/Ordnet wieder und wieder ihre Federn im Regen./Ich erwarte kein Wunder/Oder einen Zufall…noch suche/Ich mehr in dem wahllosen Wetter nach irgendeinem Plan…Ich weiß nur, dass eine Krähe,/Die ihre schwarzen Federn richtet, so glänzen kann,/Dass es meine Sinne ergreift, meine Lider/Hochreißt, um mir auf einmal//Einen kurzen Aufschub zu gönnen/Von der Angst vor totaler Neutralität…Wunder geschehen…Das Warten hat wieder begonnen,/Das lange Warten auf den Engel, hernieder-/kommend, diesen seltenen Zufall." (Schwarze Krähe bei regnerischem Wetter)

Neben solchen wunderschönen Naturbeschreibungen finden sich auch viele verstörende

Bilder in diesen Gedichten. Sylvia Plath muss es zutiefst erfahren und durchlitten haben, dass die Welt eben kein Paradies ist. So bleibt auch in den schönsten Naturbildern eine gewisse Fremdheit bestehen „…ich/Stand ausgeschlossen, jetzt und ewig,/Rätselnd über den Durchzug ihrer/Absolut fremden Ordnung", die andererseits sie doch erahnen lässt, dass die von ihr bewunderte Schönheit wie zum Beispiel der Krabben und Muscheln am Strand „weniger/Um der Kunst als um Gottes willen" besteht.

Der siebenteilige Gedichtzyklus „Poem for a Birthday" beschließt den Gedichtband. In diesen Gedichten geht das lyrische Ich zurück an den Seinsbeginn, durchquert ambivalente Kindheitserinnerungen voller Sehnsüchte und seltsamer Erfahrungen, für die Sylvia Plath eindringliche und ungewohnte Bilder erschafft.

In dem Anfangsgedicht des Zyklus, das bezeichnenderweise den Titel „Wer" trägt, versucht die Dichterin sich, ihre Motive und Wünsche zu ergründen: „Ich bin eine Wurzel, ein Stein, ein Eulengewölle,/Ohne Träume irgendwelcher Art…Ich muss mich erinnern, wie es ist, klein zu sein", um im sechsten Gedicht festzustellen, „Ich bewohne/Das Wachsabbild meiner selbst, einen Puppenkörper./ Krankheit beginnt hier" und sich einer Erfahrung aus der Kindheit zu erinnern „Wenn ich klein bin, schade ich nicht./Wenn ich nicht rumrenne, stoß ich nichts um." Dass die Rückkehr in einen solchen unbeweglichen, unkreativen Zustand weder möglich noch gewollt sein kann, ist für die Dichterin die bittere Konsequenz: Ich bin verloren, ich bin verloren, in den Roben all diesen Lichts."

Im letzten Gedicht „Die Steine" erlangt die existentielle Verlassenheit noch eine Steigerung ins beinahe Unerträgliche: „Dies ist die Stadt, in der Menschen geflickt werden./Ich liege auf einem großen Amboss./…/Die Mutter der Mörser zerkleinerte mich./Ich wurde ein stiller Kiesel." Das Bild des Amboss ist brutal und erschreckend, und dennoch strahlt das gegenübergestellte Bild des stillen Kiesels eine fast überirdische Ruhe und Zufriedenheit aus.

Wenn man weiß, dass Sylvia Plath sich für mystische Wahrheiten interessierte und sich in ihren nachgelassenen Papieren Notizen über die Heilige Teresa von Avila, Johannes vom Kreuz und andere christliche Mystiker befanden, sie gegenüber ihrem Mann Ted Hughes sogar davon gesprochen hatte, zweimal Gott „gesehen" zu haben, stimmen einen als Leser die letzten Verse des Geburtstagszyklus (und zugleich dieser Gedichtsammlung) zuversichtlich und tröstlich: „Wiederhergestellt, beherbergt die Vase/Die flüchtige Rose.//Zehn Finger formen eine Schale für Schatten./Meine Nähte jucken. Es gibt nichts zu tun, /Ich werde so gut wie neu sein."

Obwohl es von der Dichterin selbst vielleicht nur unbewusst so verstanden worden ist, so beschreiben diese Verse in unvergleichlicher Weise das neue Leben nach dem Tod. Mir sind nur wenige Verse begegnet, in denen Sterben und Auferstehen so sinn(bild)lich dargestellt sind.

Sylvia Plath: Der Koloss. Gedichte, Englisch und deutsch. Übertragen von Judith Zander; 163 Seiten, Suhrkamp Verlag, Berlin

Marion Poschmann

Gedichte, leicht wie japanische Pinselstriche

Zwei neue Bücher sind in diesem Frühjahr von der 1969 in Essen geborenen und in Berlin lebenden Autorin Marion Poschmann erschienen. Ein Gedichtband mit dem Titel „Geliehene Landschaften" und ein Band mit Essays, Vorträgen, Dankreden, einem Band über Dichtung also, „Mondbetrachtung in mondloser Nacht" betitelt. Es handelt sich um Betrachtungen, die die Autorin, zunächst flüchtig wie japanische Pinselstriche aufgezeichnet, zu verschiedenen Anlässen ausgearbeitet hat, wie sie im Vorwort festhält.

Zwei neue Bücher sind in diesem Frühjahr von der 1969 in Essen geborenen und in Berlin lebenden Autorin Marion Poschmann erschienen. Ein Gedichtband mit dem Titel „Geliehene Landschaften" und ein Band mit Essays, Vorträgen, Dankreden, einem Band über Dichtung also, „Mondbetrachtung in mondloser Nacht" betitelt. Es handelt sich um Betrachtungen, die die Autorin, zunächst flüchtig wie japanische Pinselstriche aufgezeichnet, zu verschiedenen Anlässen ausgearbeitet hat, wie sie im Vorwort festhält.

Beide Bücher ergänzen sich trefflich. Vielleicht sollte man zuerst die wirklich beachtenswerte Lyrik dieser mittlerweile vielfach ausgezeichneten Dichterin auf sich wirken lassen. Erstaunlich fand sie die Tatsache, wie sie im Gespräch mit mir erwähnt, dass sie es mit ihrem Lyrikband in die Shortlist des Leipziger Buchpreises geschafft habe, obwohl doch bereits vor einem Jahr mit Jan Wagners „Regentonnenvariationen" erstmals ein Gedichtband den ersten Preis gewann. Vielleicht ist dies tatsächlich ein Zeichen dafür, wie Marion Poschmann in einem Messegespräch mit 3sat äußerte, dass die Menschen sich wieder mehr danach sehnen, die Wahrheit zu erfahren, über das Leben, das Ich nachzudenken, sich mit etwas Existenziellem auseinanderzusetzen.

Ob das wirklich schon ein vermehrter Trend ist – Lyrikleser bewegen sich immer noch in der Ein-Prozent-Kategorie – wird man nicht schlüssig beantworten können. Wichtiger erscheint, dass es mit Marion Poschmann eine literarische Stimme gibt, die ob ihrer Sprachmächtigkeit und -intensität aufhorchen lässt. Und noch interessanter ist die Tatsache, die sie im Gespräch bestätigt, dass ihre Dichtung sich mit den großen existenziellen, im eigentlichen religiösen Fragen beschäftigt: wer sind wir, wohin gehen wir? Nur drängt sich das überhaupt nicht vordergründig auf, ein solches Fragen. Deshalb kann man es gut überlesen. Stattdessen beschmückt Marion Poschmann mit ihrer bildreichen Sprache auch noch trostlose Plattenbauten – wie im Zyklus „Kindergarten, Lichtenberg". „Plattenbaulaub. Wir wachsen auf im/ betongewordenen Trost der Bäume, hinter den/ blätternden Flächen mit ihren Verästelungen/ ins Leere, mitten im Schatten der Krone, der Schwärze/ der Referenz."

Marion Poschmann hat ihrem Gedichtband „Geliehene Landschaften" den Untertitel „Lehrgedichte und Elegien" gegeben, eigentlich ganz unmoderne Bezeichnungen, wie sie einräumt. Die seien auch augenzwinkernd gemeint, denn zuerst sei der Dichter es selbst, der beim Verfassen von Gedichten etwas lcrnc. Denn, so beschreibt sie es im Vorwort zur „Mondbetrachtung", Literatur sei der Ort, der das Individuum über sich selbst aufklärt. Und nur ihr gelinge es, das Unmögliche zu vollbringen: „Sie evoziert Bilder im Raum, hält die flüchtige Welt für Momente fest, lässt das Unsichtbare sichtbar werden. Aber das erstaunlichste dabei ist, sie stellt Bilder in einen Raum, den es vorher nicht gab. Und sie lässt uns umgekehrt fragen, in welchem Raum eigentlich das stattfindet, was wir für unsere Alltagswelt halten."

In ihrem neuen Gedichtband hat sich die Lyrikerin neun mal neun Landschaften geliehen, inspiriert von tatsächlich bereisten Orten und Landschaften aus Japan oder Finnland, Russland oder Amerika. „Geliehene Landschaften", dabei handelt es sich um ein traditionelles ostasiatisches Stilelement in der Gartengestaltung, bei der eine Szenerie außerhalb als wesentliches Element des Gartens einbezogen wird. Gleich im ersten Gedicht „Bastard" zeigt uns Poschmann, was sie mit Sprache machen kann, nämlich eine Welt erschaffen: „Sumpfländereien… Wäsche verblüht im Wind. Jemand bricht fliederfarbenen Flieder/ im Stadtpark und trägt ihn zum Bus. Ein utopisches Spiel./ Die Gewänder des Logos sind abgeworfen… Landschaft, o Sprachpanorama/ des Logos creator. Landschaft, halbierte, in Vorder- und Rückseite./ Wie der Raum nachgibt und Dinge hervorlockt: Dauerwald. Freiflächen./ Vormals und jetzt." Dass Poschmann sich Gärten und Parks anverwandelt, sie dichterisch gestaltet und bearbeitet, eben wie in der japanischen Gartenkunst der geliehenen Landschaft, macht aus dem Leser einen Flaneur in eben diesen Landschaften, bis es auch ihm so ergeht wie der Dichterin: „Du weißt nicht mehr, wer du bist, du erscheinst dir ganz neu. Und die Landschaft beginnt noch einmal von vorn." Denn dann kann beginnen, was in dem Gedicht „Schierklar" formuliert ist: „Heimweh nach Eden… Leer werden. Leere ertragen. Die Leere verstehen./ Gott nicht mehr ertappen wollen beim Schaffen des Gartens… Ein Park ohne Ausgang… Jeder Park voll Vertriebener, Heimweh nach Eden./ Die Leere und ihre Vergehen. So rede, Leere, ich sehe/ dich nicht."

Im Gespräch sagt sie über den Vergleich von Leere und Mystik: „Ja, es geht darum, durch eine Zeit der Trockenheit zu gehen, durch und in die Leere hinein. Je tiefer man in diese Leere geht, je mehr man leer wird von sich selbst, desto mehr kann man auch in die Nähe Gottes kommen."

Es ist schon seltsam und bemerkenswert, dass von allen Lobrednern und Rezensenten niemandem aufgefallen sein will, wie wichtig der Autorin und Dichterin Marion Poschmann das Spirituelle, das Religiöse für ihr Werk, in ihrem Werk ist. Man muss in der Tat manchmal das Gefühl haben, an das letzte Tabu unserer Zeit zu rühren, wenn man von Religion, gar unverstellt von Gott spricht.

So handelt Poschmanns Dichtung von der Unvollkommenheit der Welt, von Licht und Schatten, Sonne und Nacht und dem Tod als geheimem Zentrum, als leere Mitte. In dem Aufsatz „Hortus conclusus" über das Stift Fischbeck und seine Gärten, dem ein Gemälde „Madonna auf der Mondsichel" von 1456 voransteht, verweist Poschmann wie auch in ihrem Gedicht „Schierklar" auf den Garten Eden. „Der Hortus conclusus ist ein Bild der Innerlichkeit, eine Geisteshaltung… Stille muss geschaffen werden, Stille ist, wie die Schönheit, nicht einfach da, sondern eine Leistung des Subjekts." Da aber heutzutage nur wenigen ein solcher Ort der Innerlichkeit zur Verfügung steht, da wir bedrängt sind vom Lärm und der Unschönheit, hält Marion Poschmann eine Geisteshaltung für angebracht, die auch im Hässlichen das Schöne finden lässt. Auf den Brachflächen blühen Blumen und Beeren wie in den kultivierten Gärten. „Wer will, spürt hier ebenso eine spezifische Stille, wie sie die Gartenanlagen des Damenstifts durchdringt. Es hängt davon ab, wo man sie sucht. Sie ist überall."

Ganz ähnlich formulierte es schon das klassische Gartenhandbuch Chinas von 1631, das Poschmann im Anhang der „Geliehenen Landschaften" zitiert. Es komme darauf an, von den Gegebenheiten den richtigen Gebrauch zu machen. Dann lässt sich auch auf kleinstem Raum die ganze Weite und Kraft der Natur evozieren. Und was für die Gartenkunst gilt, gilt gleichermaßen für Dichtung und das Leben überhaupt. „Ich sah seine Vorderseite und sah/ seine Rückseite zur gleichen Zeit" heißt es in dem Gedicht „Beim Anblick des Fuji". Das allerdings vermag nur Poesie. Schön, wenn man sich solchen Erfahrungen überlassen kann.

Marion Poschmann: Geliehene Landschaften, Gedichte. Suhrkamp Verlag, Berlin 2016

Marion Poschmann: Mondbetrachtung in mondloser Nacht. Über Dichtung. Suhrkamp Taschenbuch Verlag, Berlin 2016

Peter Rühmkorf

Anlässlich der bevorstehenden Verleihung des Georg-Büchner-Preises habe ich 1993 für diese Zeitschrift bereits ein ausführliches Porträt über Peter Rühmkorf verfasst. Wir hatten uns dafür in seinem Haus in der Övelgönne in Hamburg getroffen und ein sehr offenes Gespräch geführt.

Nun steht sein 70. Geburtstag bevor, und ich hätte ihn gerne ein zweites Mal besucht, um mit ihm über die Zeit, die seitdem vergangen ist, zu sprechen. „Natürlich erinnere ich mich noch unseres ergiebigen Gesprächs in der Övelgönne, und wir wollen uns auch gern noch einmal treffen", schrieb mir Peter Rühmkorf, und ich freute mich schon sehr auf unser Wiedersehen, auf die zu erwartenden lebhaften Gespräche.

Grundlage dafür sollten sein: seine neuen Bücher. Sonst, so schrieb er weiter „ist alles noch so schöne Parlieren nur Haschen nach Wind." Nur: das Erscheinen der Bücher ließ auf sich warten, und dann kamen plötzlich so viele Aufgaben und Anfragen, die an Peter Rühmkorf herangetragen wurden, dass er mir mit aufrichtigem Bedauern doch noch einen Absagebrief schicken musste.

„Ich krieg schon 'n richtigen Beamtenton vor lauter Müdigkeit und Kraftlosigkeit ... mein Kopf ist wüst und leer." Wie sollte ich ihm das nachsehen können, dass er unser Treffen einfach nicht mehr „hinkriegte".

Ich sehe ihn also, während ich nun schreibe, vor mir, wie er aus seinen mal melancholischen, mal verschmitzt blickenden Augen hinter den Brillengläsern hinausschaut auf die Elbe, die unterhalb seines Wohnsitzes träge vorüberließt und die er in vielen Gedichten, besonders aber auch in seinem Tagebuch *Tabu I* in zärtlichen Tönen besingt.

Ich sehe ihn, wie er seinem Zigarettenrauch hinterher sinnt, ein bisschen erschöpft, ein bisschen manchmal auch traurig, denn depressive Stimmungen kennt er durchaus, auch wenn er so freundlich lächeln kann.

Und ich hoffe dabei, dass es hauptsächlich die viele Arbeit ist, die ihn an mich schreiben lässt: „Ich bin nur noch ein verglimmender Zigarettenstengel."

Inzwischen habe ich Peter Rühmkorfs beide neuen Bücher vor mir liegen. Ein (auch äußerlich) sehr schöner Gedichtband mit „vorletzten

Gedichten", wie er untertitelt ist. *Wenn - aber dann* und die reich erweiterte Ausgabe seiner 1972 erschienenen Sammlung von Essays und autobiographischer Prosa.

Die Jahre, die Ihr kennt, die jetzt als erster Band einer Werksausgabe erschienen ist. Dieser bereits bei ihrem ersten Erscheinen als epochal gefeierten Autobiographie wurden von dem Herausgeber Wolfgang Rasch zahlreiche Bild-belege und unveröffentlichte Lebensdokumente aus dem Privatarchiv Peter Rühmkorfs beige-fügt, so dass sich aus diesem Werk nun noch umfassender die private Geschichtsschreibung eines dem Leben und seiner Zeitgebundenheit stets sich bewussten kritisch reflektierenden Autors ablesen lässt.

Haltbar bis Ende 1999 hatte Peter Rühm-korf einen Gedichtband genannt, typisch für diesen modernen Vaganten, so mit dem Verfall zu spielen, ja zu liebäugeln. Aber nun sind es ja nur vorletzte Gedichte, die er uns übergibt; also wird er weitermachen, weiterdichten, natürlich - denn anders kann er nicht.

„Freund, wenn das Leben als solches/dich direkt bestürmt, berennt,/ kann das Wort sich nur mitreißen lassen." (Format *nicht zufassen).*

In seiner Trauer über die Heillosigkeit der Welt gegen den Ansturm von „Nichtigkeits-schaudern" versucht Peter Rühmkorf nun schon seit so langer Zeit „dem Lebewohl paar letzte Farben ab(zu)gewinnen, die man noch nie so sah."

Immer wieder krempelt er die Ärmel hoch, stellt sich den ihn oft überschwemmenden Welteindrücken in der nur ihm eigenen Poesie eines Aufrüttlers und Durcheinanderwirblers, Artisten und Possenreissers, eines melancholischen Liebenden, dem nun in diesen neuen, späten Gedichten der Abschied, das Alter ganz mächtig durch die Mähne zaust.

Aber zum Glück hat er ja seinen Hut, mit dem man ihn kennt, „solch ein Schweissband hält nämlich die Gedanken viel besser zusammen."

Doch: Abschiedsstimmung der dem Ende zueilenden Jahre ist aus allen Versen des neuen Gedichtbandes herauszuhören. Frech sind sie noch immer, nie dem Zeitgeist opportun, aber von einer noch größeren Zärtlichkeit für die kleinen Glücksmomente durchwirkt.

„Ach, Abschied, oder was ist,/und wohin verzieht sich der Bogen/des gerade begonnenen Jahrs?/Eben noch diesen süßen Sauerstoff durch die Nüstern gezogen/Und - fahrengelassen - das war's.// ...Aber es war schon schön, eine frischbegrünte/ Hasel gegen das altgediente/ Grün des Efeus zu sehn."

Sicher und virtuos schmiedet Peter Rühmkorf seinen Wortwitz, seine Wahrsprüche in
scheinbar kinderleichte gereimte Strophen. Bei
ihm ist auch noch das Schwere stets leicht gesagt. „Noch ein Ruck und den Hut auf die Haare, eine Priemel schräg an den Hut, es sind
auch die späteren Jahre/manchmal für ein paar
Stunden gut.//...Zwar du läufst auf dem äußersten Tropfen,/was man leicht beim Sinnie-
ren vergißt./Aber was, wenn das Herz zum
Klopfen/so unhaltbar entschlossen ist?!"

Was so federleicht, so spielerisch daher-
kommt im Gedicht, ist Extrakt harter, schweiß-
treibender Arbeit. Peter Rühmkorf ist gierig und
emsig, die Tausende von disparaten Einzelein-
fällen, die Anwendungen von Elementarteil-
chen aus seiner Umgebung, aus menschlichen
Begegnungen, aus Gedankensplittern zu politischen und sozialen Schieflagen zu sammeln und
sie in Form zu bringen.

Aus spontanem Reagieren auf die Reize der
Außenwelt und des eigenen Innenlebens
filtert Peter Rühmkorf in einem Kristallisati-
onsprozess ohnegleichen „poetischen Leucht-
stoff, und seine dichterische Arbeit sieht er
darin, diesen vielen verschiedenen „Kollisi-
onsfunken" im „allgemeinen Kommunikati-
ons-Blaba ein individuell behauchtes Aha"
entgegenzusetzen.

Wie meisterlich er dieses Metier beherrscht, davon zeugen auch diese neuen Gedichte wieder.

In allem, was er schreibt - Gedicht, Essay, Rede oder Tagebuch - erweist sich Peter Rühmkorf als unermüdlicher Wahrheitssucher. In den seismographischen Aufzeichnungen all dessen, was ihm und seinen Zeitgenossen im Hier und Jetzt widerfährt, verlässt ihn nie sein sicheres Gespür für Widersprüche, Anmaßungen und Heuchelei.

Besonders in seinem Tagebuch *Tabu I* - dieser Titel ist durchaus doppeldeutig zu verstehen - nimmt Rühmkorf kein Blatt vor den Mund. Derart ungeschützt, wie sich hierin ein Mensch der Öffentlichkeit preisgibt mit seinen Schwächen und Gebrechen, seinen Gedanken über Mitmenschen, zumal auch bekannte und „berühmte", habe ich Vergleichbares noch nicht gelesen.

Das Tagebuch umfasst die Jahre 1989-1991, die Schicksalsjahre der Wiedervereinigung Deutschlands, ist Chronik jener Epoche, in der sich die Hellsichtigkeit Rühmkorfs zeigt, indem er schon in den Noch-DDR-Zeiten die Anzeichen einstürzender Mauern registriert, sich dann aber der anschließenden Euphorie skeptisch entzieht.

Die monumentale Sammlung der seit 1971 15.000 Seiten umfassenden Tagebuchaufzeichnungen, die ursprünglich als Stoffsammlung für einen Zeit-Roman dienen sollten (und wenn als Tagebuch. dann erst posthum zu veröffentlichen) hat Peter Rühmkorf zum verdaulichen Format eines 620-Seiten-Buches komprimiert.

Hierin wie auch in *Die Jahre, die Ihr kennt,* zeigt sich die Durchlässigkeit der Gattungsgrenzen. Ein manischer „Weltmitschreiber" ist er, immer im Bestreben, Licht- und Schattenseiten gleich stark zu erfassen, dialogisch und dialektisch auf das zu reagieren, was ihn beunruhigt.

Was Peter Rühmkorf dabei an Selbstmitteilung offenbart, setzt auf den „Teilhabenerv" des Lesers und den Resonanzboden, der erst Wirkung entfalten kann.

„Das ganze gesellschaftliche Leben ist ja darauf angelegt, das Ich zu einem platten Nummernschild herunterzuwalzen, das gebrauchsfertig ist und funktioniert."

Gerade aber einem solchen bloßen Funktionieren widersetzt er sich mit jeder Zeile, jedem Vers. „Wer schreibt überhaupt?" fragt er und gibt selbst die Antwort: „es schreibt doch nicht der ausbalancierte Mensch! Zu

Papier drängt es doch nur den Beunruhigten, den Gefährdeten."

Als solchen hat er sich ausgewiesen seit seinen Anfängen, als er ab 1951 für die Zeitschrift *Zwischen den Kriegen* seines Freundes Werner Riegel, danach für die Zeitschrift *konkret* schrieb und in Die *Jahre, die Ihr kennt* den zerstobenen Hoffnungen der 68er Aufbruchszeit nachtrauerte.

Dabei ist Peter Rühmkorf immer zutiefst Menschenfreund geblieben, ein „Meliorist", der daran glaubt, dass die Menschheit noch zu verbessern sei, nicht so sehr durch spektakuläre Revolutionen, als vielmehr auf dem Weg der kleinen Schritte.

Früh schon hat er dem Glauben an alle „Ismen" abgeschworen. Ihnen setzt er sein dichterisches Werk entgegen, das in der Schonungslosigkeit sich selbst gegenüber, im Verständnis, in der Skepsis, in der Wachsamkeit für den anderen sich allein der Wahrheit verpflichtet fühlt.

Peter Rühmkorf, dieser dem Leben leidenschaftlich verhaftete Dichter, ist lange Jahre vom Literaturbetrieb nicht eben mit Anerkennung verwöhnt worden, obwohl ihm zahlreiche Preise und sogar der Ehrendoktorhut verliehen wurden und es ihn ja auch freut, dass seine bissig-traurigen Lieder nicht im Nichts verhallt sind.

„Nicht aufgeben, Meister" und „Bleib erschütterbar und widersteh", diese sich selbst verordneten Imperative sind auch heute noch des Dichters täglicher Ansporn, Kunst zu formen mit Sprache.

„Einreden auf den Menschen/mit zauberischer Stimme, dass er was werde", das tut er in seinem unverwechselbaren Ton von Schnoddrigkeit gemischt mit Melancholie, Ironie gewürzt mit Utopie, Groteske durchsetzt mit Heilsverlangen.

„Man kann ja die Augen nicht unentwegt/ vor den eigenen Gedanken niederschlagen:/ lieber noch mal richtig reinbeissen in die Welt...Weil doch das langsame Wegblättern/ ausnahmslos uns alle betrifft/ und das grosse Dahin-fahren auch.. Gestreckte Augenblicke - ziemlich unscharf schon noch etwas in die Länge ziehen/..Aber nur jetzt nicht vorsichtig werden" *(Überraschendes Wiedersehen).*

Denn, so sieht es Peter Rühmkorf, Kunst ist dafür da, angesichts der Tatsache, dass wir sterblich sind, dass nichts auf dieser Welt in

Ordnung ist, das Zentripetale zusammenzuhalten, das Ungleichgewicht etwas mehr in die Waage zu bekommen und dem Menschen ein bisschen Harmonie aufleuchten zu lassen.

Doch bei Rühmkorf erwartet uns kein Harmoniegesäusel, im Gegenteil, er haut kräftig auf die Pauke und in die Kerben, die dem Lebensbaum /Weltenbaum schon geschlagen sind. Er verschließt die Augen nicht vor Dreck und Abfall und übersieht dabei dennoch nicht die beatmeten Augenblicke.

„Das Dennoch ist die Gedankenfigur, die mein Leben beherrscht", hat er einmal gesagt.

Vielleicht ist dieses Dennoch sogar noch ein bisschen elementarer geworden für ihn, dessen Leben spürbar die besten Jahre hinter sich gelassen hat.

„Einmal noch über das Vorhandene hinaus...pfeif jedem bunten Vogel, dem du gleichst-/Mehr hast du nie gewollt".

Es ist so etwas wie ein zärtlicher Trotz, dem unvermeidlichen Lebensende entgegengestellt, gestemmt, „im Augenblick die Dauer zu beschwören", die Rühmkorf in betörend-ergreifende Bilder kleidet, wenn auch der Spott und die Selbstironie stets griffbereit sind.

„Paar verräterisch gelbe Blätter schon wieder/ hoch oben im Baum, / ach, die

Welt// ...Wenn da wenigstens etwas über den Horizont, / ich meine, herausragen würde./ Eine spankisten-blonde Sonne/ oder eine Idee./ Statt wie ein Mistkäfer immer nur so weiter/ seine Kugel vor sich herrollen müssen." *(Ungemütlicher Tag),*

Oder in dem Gedicht *Nur aus Sport:* „Leider, es ist so, das Jahr verblüht sich, / nur der Efeu dreht sein Ding in Ruh, / doch du merkst, bei jeder Windung zieht sich/ eine andere Schlinge/ enger zu".

Es ist nicht verwunderlich, wenn Peter Rühmkorf sagt, in seinen Gedichten sei er noch immer am meisten er selbst. Nur ein Nie-Saturierter, ein Alles-in-Frage-Stellender verschreibt sich mit Haut und Haaren der Kunst.

Einer Kunst indes, die nicht von Kulturverwaltern reglementiert wird, sondern die sich ihre eigene Freiheit gibt und dadurch niemals in den Dunstkreis von Ideologien begibt. Kunst muss Wagnis sein, soll sie sich nicht etablieren.

Darin sieht Rühmkorf die Chance seiner Dichtung: Indem er sich nicht arrangiert mit Gesellschaft, sich nicht abfindet mit Bestehendem scheinbar bereits Erreichtem, sondern weiterdrängt mit nimmermüden Fragen, wie es besser werden könne.

Vorgefundene Antworten, ein vorgefasstes Ich habe die Entwicklung schon hinter sich gelassen. Dies aber wäre das Ärgste für einen Utopisten wie Peter Rühmkorf, der letzten Endes noch immer darauf hofft, dass der lyrische Monolog im Gedicht zu einem „sozialen Plural" wird.

Peter Rühmkorf hat sich ein Leben lang für die subjektive Position entschieden. In *Tabu I* gibt es kein Thema, kein Ereignis, was nicht notierenswert, kommentierenswert ist:

Spaziergänge an der Elbe, die Passanten, die junge Freundin von nebenan, die ihn in ihrer Wohlansehnlichkeit erfreut, Liebespaare, die Bäume, der Himmel, die Wolken, das Essen, die Verdauung, Musik-, Tabak-, Alkoholgenüsse, Einschlafschwierigkeiten, Hamburger Straßen und Plätze, Freunde, Kollegen und Kritiker, Ellbogenkapitalismus und freiheitlicher Sozialismus. Und obwohl er allein aus seiner Perspektive die Welt ins Visier nimmt, nimmt er dabei sich selbst nicht allzu wichtig.

„Gestern Tag so hin. - Ausgeschlafen. Gepussel. - Unausgeschlafen. Bißchen Zeugs." Zwischendrin Gedichte. Und die Arbeit daran. Trotzdem: *„Dieses ganze Dichter-Gedöns, das mir fremd* wie irgendwas ist." Stattdessen: „Schiffe betrachtet/bewundert" - und irgendwann zu Dichtung verarbeitet.

Und dann die Apercus, eine Spezialität von Peter Rühmkorf. *Tabu* und *Die Jahre* sind voll davon, und man möchte sich daran forthangeln wie an einer Himmelsleiter: „Morgen ganz weiß mit drei-vier-fünf lila eingekreuzten Streifen darin, dann paar graue Feudelwischer beziehungslos drüberhin. - Die Elbe um 10.00 Uhr morgens wie eine hingeschmissene Glasscheibe. - Paar junge gebrechliche Flocken, zag, aus geizigem Himmel. - Der Himmel als Scheuerlappen mit ein paar lichten Rissen."

Und die Paradoxien: „Keine Antwort auf die mich wirklich bewegenden Fragen nach einer unbegreiflich sinnreich konstruierten sinnlosen Welt. - Das schwierigste: sich mit einem lachenden Auge über das andere lustig machen. - Und immer wieder mal die Frage nach einem sinnvoll geführten Leben in einer wahnsinnig gewordenen Welt."

Ach, der Peter Rühmkorf dichtet und wird weiterdichten/verdichten, ob er nun in diesem Jahr siebzig wird oder noch mit seinem vorletzten Atemzug.

Er wird seine poetischen Finger auf die Wunden der Menschheit, der Gesellschaft legen, um den Laschen, den Lauen, den Angepassten zu zeigen, dass es so nicht weitergeht, wie es geht. „Was bleibt? Wer weiss. Vielleicht ein allerletzter Pfiff:/ den Saum der Welt noch etwas nachzuschrägen,/ wenn ihr so wollt, Wollust mit Wellenschliff:/ So kommt die Kunst - auf Zeit - der Ewigkeit entgegen."

Denn die alten Verszeilen gelten ganz sicher noch für ihren Schöpfer und sollten auch für uns Leser Maßstab sein: „Ich aber nenne diesseits und jenseits der Stirn/ außer der Liebe nichts,/ was mich hält und mir beikommt."

Wenn - aber dann. Vorletzte Gedichte, Rowohlt Verlag.

Die Jahre die Ihr kennt. Herausgegeben von Wolfgang Rasch. Rowohlt Verlag. Tabu I Tagebücher 1989-1991. Rowohlt Taschenbuch Verlag.

Von mir - zu euch - für uns („Hundert Grüsse, die zurückwinken"). Leinen mit Schutzumschlag durchgehend farbig gedruckt. Steidl Verlag.

Levke Sörensen

Levke Sörensen, die 1941 geborene und in Neu-Isenburg bei Frankfurt lebende Autorin, legt mit „Ob Du willst oder nicht" ihren zweiten Gedichtband vor. Schon am Anfang begegnen wir dem Hauptgedanken ihrer Gefühls- und Denkwelt: „was also eilst du so? //du kannst nicht fallen / der Ring / ist geschlossen." Viel ist vom Frühling mit seinem Neubeginn die Rede, viel überhaupt von der Natur, die für die Autorin eine bergende Kraft hat. Sie will dem Leser vermitteln, was für sie Gewißheit zu sein scheint: „Es gibt keinen Tod!"

Leider werden verschiedene schiefe Bilder wie „fallen aus euren Kleidern /Tränen" oder „Krokusse / erschrecken blaugelb" bemerkbar. Oft ist die Sprache klischeehaft: „läßt mich ... über dich springen / mein liebster Schatten" - „daß meine Tassen / aus Meißner Porzellan / vor Trauer Sprünge kriegen." Vielfach ist die gewünschte Belehrung des Lesers zu vordergründig und wirkt unangenehm wie in dem Gedicht „Behinderte Überlegung".

Insgesamt von der Sprache wenig eigenständig, finden sich doch Verse, die in ihrer Schlichtheit ihren Reiz nicht verfehlen: „Ganz unerwartet fiel heute nacht / die Zeit zur Erde" -„Gestern / ist mir im Stadtwald / der Tod begegnet, / Arm in Arm mit dem Leben. // ...Seitdem habe ich / weniger Angst / vor beiden." Zeilen wie diese haben ihre eigene Stärke und bedürfen keiner Interpretation.

Das Nachwort überhöht durch hochgestochene Interpretationsversuche die Lyrik von Levke Sörensen. Es heißt da von ihren Gedichten: „Sie heilen uns wieder mit dem Kosmos zusammen." Auch schmeckt manches, was man aus dem Leben der Autorin erfährt, zu sehr nach Mythisierung. Wovon Nachwort und Klappentext sprechen, daß ihre Gedichte „Botschaften des Unbewußten" seien und daß sie „an dieser Epochenwende einen Neuansatz, eine grundsätzliche Neuorientierung unserer gesamten Vorstellungswelt" signalisieren, ist entschieden zu hoch gegriffen.

Levke Sörensen: Ob du willst oder nicht. Gedichte; mit vier Zeichnungen von Simon Oppmann. Heiderhoff Verlag, 1989, 100 Seiten, gebunden

Eva Strittmacher

Davon können die meisten Lyriker nur träumen, mit Gedichtbänden ein Millionenpublikum zu erreichen. Das hat sich die am 8. Februar 1930 in der Fontanestadt Neuruppin als Eva Braun geborene, spätere Ehefrau des schon zu Beginn ihrer Bekanntschaft in den frühen 50er Jahren berühmten Schriftstellers Erwin Strittmatter auch lange nicht vorstellen können.

Denn sie veröffentlichte ihren ersten Gedichtband mit dem für sie so sprechenden Titel „Ich mach ein Lied aus Stille" erst 1973.

Künstlerehen sind zumeist problematisch. Meistens herrscht ein Ungleichgewicht zwischen den Partnern, so auch bei Eva und Erwin Strittmatter.

Eva, die in einem kulturfernen Elternhaus aufwuchs – ohne ein Buch, „nicht mal die Bibel", wie sie sagt – hat sich aber schon als Kind den Besuch des Gymnasiums ertrotzt.

Sie machte 1947 ihr Abitur und studierte anschließend an der Humboldt-Universität Germanistik und Pädagogik. Das Gespür für Poesie, für den Klang und Rhythmus war tief in ihr angelegt, erste Gedichte schrieb sie schon mit zwölf Jahren, das Studium hinderte und blockierte erst einmal auf Jahre ihr Ausdrucksvermögen, weil sie sich die Frage stellte, was kannst du dem noch hinzufügen .

Auch als sie anfing, literaturkritische Aufsätze für die Zeitschrift „Neue Deutsche Literatur" zu verfassen, war sie beherrscht von einem Gefühl der Unsicherheit und Vermessenheit.

Umso erstaunlicher, wie diese bescheidene Frau, die es nicht liebte, im Mittelpunkt zu stehen oder in der Öffentlichkeit aufzutreten, zu einer der meistgelesenen

Autorinnen der DDR, vor allem aber zur meistgelesenen Lyrikerin zu werden. Es war die fast klassische Schönheit und Einfachheit ihrer Gedichte, vielfach Volkliedern ähnelnd und durch ihren Reim und Klang sehr eingängig, die ihr ein so großes Lesepublikum bescherten.

Ich mach ein Lied aus Stille
Und aus Septemberlicht.
Das Schweigen einer Grille
Geht ein in mein Gedicht.
Der See und die Libelle.
Das Vogelbeerenrot.
Die Arbeit einer Quelle.
Der Herbstgeruch von Brot.
Der Bäume Tod und Träne.
Der schwarze Rabenschrei.

Der Orgelflug der Schwäne.
Was es auch immer sei,
Das über uns die Räume
Aufreißt und riesig macht
Und fällt in unsre Träume
In einer finstren Nacht.
Ich mach ein Lied aus Stille.
Ich mach ein Lied aus Licht.
So geh ich in den Winter.
Und so vergeh ich nicht.

Sie stünde in der Tradition eines Heinrich Heine, einer Droste-Hülshoff oder Rilke wurde ihr nachgesagt. Wesentlicher noch für die große Resonanz ihrer Gedichte sind die große Ehrlichkeit, die man aus jeder Zeile spürt, eine übergroße Sensibilität, eine Genauigkeit und Lebendigkeit im Ausdruck, im Schaffen von Bildern, die im Gedächtnis haften bleiben.

Und immer sind es die großen Themen, die überpersönlich sind: Liebe und Leid, Trauer und Hoffnung, Angst und Scham. Eva Strittmatter hat besonders einfühlsame Naturbilder geschaffen. 1996 hat sie rückblickend erkannt, „was die Konstante meines Lebens ist: Das Verhältnis zur Natur, die Rührung über ihre Erscheinungen".

„Leben ist immer eine Kraftprobe, und die eigentliche Leistung des Dichters ist die Bejahung des Irdischen, seine rücksichtslose Benennung und dennoch schlackenlose Verbrennung zu Sprache und Licht", hat sie einmal gesagt. Pathos war dieser Dichterin fremd, sie mochte nicht den hohen Ton. Die Stille, das Licht, die Bäume, das Gras – diese simplen Dinge hatten für sie eine kosmische Dimension.

Rühr mich an, Gras, sprich mit mir.
Graues Gras des falben Sandes.
Waldgras, Raingras sprich zu mir
Ohne Worte des Verstandes.

In der Gesprächsbiografie mit Irmtraud Gutschke „Leib und Leben" (2008) gibt Eva Strittmatter offen Auskunft über ihr Leben an der Seite des 18 Jahre älteren Ehemanns Erwin mit seinen Höhen und Tiefen.

Wie sie ihr Leben doch zuvorderst in seinen Dienst stellte, vier Kinder und einen Hof versorgte im ländlichen Schulzenhof, weitab von der Großstadt Berlin, in der sie zuerst als freie Schriftstellerin und Lektorin beim Deutschen Schriftstellerverband gearbeitet hatte.

Sechs Jahre lang traute sie sich nur heimlich Gedichte zu schreiben. Sie bewunderte zwar die Sprachkraft ihres Mannes, der als „Staatsdichter" mit Werken wie „Der Laden" , „Der Wundertäter" und „Ole Biedenkopf", in denen er einen proletarischen oder bäurischen Realismus kultivierte, berühmt und zum Nationalpreisträger geworden war. Sie bewunderte an seinen Romanen, wie er es vermochte, „aus dem Lebensmaterial etwas so zu verdichten, dass eine andere Welt entsteht, eine andere Sichtweise, eine Gegenwelt zu der tatsächlich gelebten."

Aber sie wollte sich auch selbst ausdrücken. Auf ihre Weise. Und das war die Poesie, nicht die Romanform. Sie wollte nicht nur Bäuerin sein. Das alles zu bewältigen, muss oft schwer für sie gewesen sein. Bis für sie klar war: „Ich muss etwas tun, ich muss eine Schale sprengen. Ich kann mich nur befreien durch Sprache, nur durch Worte kann ich mich befreien. Nur so kann ich mich ins Gleichgewicht bringen, dieses Gefühl von Unglücklichsein, von Spannung abwerfen: durch das Spiel der Worte:"
Persönliche Erfahrungen, ein ständiges Horchen in die Stille und Schauen in die Natur und immer wieder ein schonungsloses Befragen und Bloßlegen innerster Gefühle und Gedanken kristallisierten sich in ihren Versen zu wahrhaftiger Schönheit, zu einer Vollkommenheit im Einfachen.
Und das erkannten ihre vielen Leser, zuerst in der DDR, nach der Wiedervereinigung auch in Westdeutschland, wo sie bis dahin fast unbekannt war.
2006 brachte der Aufbau Verlag ihre „Sämtliche Gedichte" heraus. Von ihren Lesern wurde

sie geliebt für so aufrichtige Gedichte voller Weisheit wie dieses:

Werte

Die guten Dinge des Lebens
Sind alle kostenlos:
Die Luft, das Wasser, die Liebe.
Wie machen wir das bloß,
Das Leben für teuer zu halten,
Wenn doch die Hauptsachen kostenlos sind?
Das kommt vom zu frühen Erkalten.
Wir genossen nur damals als Kind
Die Luft nach ihrem Werte
Und Wasser als Gewinn,
Und Liebe, die unbegehrte,
Nahmen wir herzleicht hin.
Nur selten noch atmen wir richtig
Und atmen Zeit mit ein,
Wir leben eilig und wichtig
Und trinken statt Wasser Wein.
Und aus der Liebe machen
Wir eine Pflicht und Last.
Und das Leben kommt dem zu teuer,
Der es zu billig auffasst.

In ihnen kann sich wohl jeder wieder finden. Diese „Aufmerksamkeit für das Leben", wie sie sie nannte, im Schmerz noch „eine Art Lebensfreudigkeit" zu bewahren, ist ein großer Vorzug ihrer Lyrik. Und doch ist sie, wie sie bekennt, durch viele Verzweiflungen gegangen. Mit der Poesie hat sie versucht, „Kräfte und Gegenkräfte ins Gleichgewicht zu bringen".

Nach dem Tod ihres Mannes 1994 ordnete sie seinen Nachlass und gab seine letzten Schriften heraus. Seit vielen Jahren war sie selbst krank und an den Rollstuhl gefesselt. Doch ihr Geist war bis zuletzt wach.

Ich fand ein erstaunliches Gedicht bei ihr, das ich so noch nie thematisiert las. Eva Strittmatter war immer ein unabhängiger Geist. Auch politisch war sie nicht auf Linie getrimmt. Das folgende Gedicht aber kam in der DDR einem Tabubruch gleich:

Interruptio

Ich muss meine Trauer begraben
Um das ungeborene Kind.
Das werde ich niemals haben.
Dämonen pfeifen im Wind
Und flüstern im Regen und speien
Mir gerade ins Gesicht.
Und mag auch Gott mir verzeihen.
Ich verzeihe mir nicht.
Es hat mich angerufen,
Es hat mich angefleht,
Ich soll es kommen lassen.
Ich habe mich weggedreht.

Es gab mir kleine Zeichen:
Eine Vision von Haar.
Und zwei drei Vogellaute
Eine Stimme von übers Jahr.
Ich hätte es sehen können,
hätt ich es sehen gewollt.
Es war ja in mir entworfen.
Ich aber habe gegrollt
Über die Tage und Jahre,
Die es mir nehmen wird,
Und um meine grauen Haare,
Die Krankheit. Und wahnwitzverwirrt,
Hab ich mich darauf berufen,
Ich sei zum Schreiben bestellt.
Dabei war vielleicht diese Hoffnung
Viel wichtiger für die Welt
Als all meine Selbstverzweiflung
Und die kleinen Siege in grün,
Die ich dem Leben abringe
Und den Dingen, die dauern und fliehn.
Das schwere Recht der Freiheit
Hab ich für mich missbraucht.
Und hab mich für immer gefesselt.
In Tiefen bin ich getaucht,
In Trauer bis zum Irrsinn.
Es brodelt noch neben mir.
Die unsühnbare Sünde
Unterscheidet mich vom Tier.

Für ein solches Gedicht in seiner radikalen
Ehrlichkeit muss man dankbar sein. Es lohnt sich,
diese Dichterin zu entdecken.

Eva Strittmatter, die für ihr Werk mit bedeutenden Preisen ausgezeichnet wurde, zuletzt 2008 mit dem ver.di-Literaturpreis und 2010 mit dem Verdienstorden des Landes Brandenburg, ist am 3. Januar 2011 mit knapp 81 Jahren in Berlin gestorben.

Tina Stroheker

Ein schmaler, großformatiger Band, weiß mit grau, liegt vor mir auf dem Schreibtisch. Ein bibliophiles Buch, das von m Künstler Frieder Kerler (Jahrgang 1951) gestaltet wurde.

Ich nehme das Buch gerne in die Hand. Schlage die erste Seite auf und halte zunächst ein transparentes Blatt, auf dessen Rückseite erst ein Text steht.

Der Titel des ersten Gedichtes „Nach Rom fahren", welches auf der nächsten weißen Blattseite zu lesen sein wird, scheint durch.

Ich blättere um und habe nun vor mir den Text und das Gedicht. Die Dichterin Tina Stroheker läßt mich an ihrer Reise nach Rom, ihrem Aufenthalt dort, ihren Gefühlen, Gedanken und Reflexionen teilnehmen.

Zu jedem Gedicht ordnet sie auf der durchschimmernden Seite Texte von verschiedenen Autoren zu. Der Bogen ist weit gespannt: von Marc Aurel, Goethe, Hölderlin, Eichendorff, Lenau, Johann Gottfried Seume über Brecht, Benn, Kaschnitz, Pasolini, Rolf Dieter Brinkmann,

Bachmann bis zu Zeitungsmeldungen, Reisetexten und Zitaten aus dem Lexikon.

Tina Stroheker verarbeitet in ihren Gedichten im jeweiligen Kontext zu den von ihr ausgewählten Fremdtexten ihre Erfahrungen mit der Stadt Rom, mit ihrem Leben, das sie als Villa-Massimo-Stipendiatin dort ein Jahr lang führte.

„Hinter der Stirn der Tod" - so hieß ihr letzter Gedichtband. Ein grundlegendes In-Frage-Stellen klang auch dort schon an. Und nun heißt der Titel „Das Meer ist ein Gerücht". Das ist ein Aussage-satz.

Etwas in mir will sich dagegen wehren, will fragen, wie das gemeint sei. Aber schon zieht Tina Stroheker mich hinein in ihre Erlebniswelt.

Von Anfang an, „Kurz nach dem Stuttgarter Bahnhof' bereits. So wie mir wird es jedem Leser ergehen. Man wird verführt zum Blättern, zum Lesen, zum Schauen.

Plötzlich lassen wir mit der Zugfahrt den Alltag zurück „für eine bemessene Zeit / von mir / zu mir." Die grauen, lockeren, meist nicht näher erkennbaren Zeichenstrukturen, die manchmal über die Gedichte, dann auch wieder über die Texte gedruckt sind, fördern diesen Prozeß des Loslösens.

Wir begegnen herrlichen Zauberdingen wie dem „Schüttelglas", worin wir die Welt in der Hand halten. „Wir schütteln das Glas, um / es der Welt, ptolemäisch, einmal richtig zu zeigen."

Wir werden zu Kindern, denen das Wünschen noch nicht abhanden gekommen ist - wie auch den Liebenden. Ihnen begegnet die Dichterin auf einem „Etruskische(n)r Sarg". Dem so betitelten Gedicht stellt sie eines von Marie Luise Kaschnitz mit dem Titel „Die Ewigkeit" gegenüber.

„O halt uns Welt im süßen Licht der Tage, / Und laß solang ein Leben währen kann / die Liebe währen." (Kaschnitz) - „Sie sind lange gestorben, / an die die Skulptur erinnert, // und wünschen trotzdem, / sie hätte unsere Gesichter." (Stroheker).

Besser kann wohl kaum eine Korrespondenz zwischen verschiedenen Texten gelingen. Man spürt die Traurigkeit, daß eine solche Form der Liebe schon „lange gestorben" ist und wünscht sie sich dennoch für sich selbst herbei.

Der nüchternen Zeitungsnotiz über Marienerscheinungen steht ein heiter-poetischer Text gegenüber über die freundlichen Römer und ihre Kinder, über Trattoria und Maiandacht. Auch in diesem Gedicht „Kette" sind der Zauber und die Wirklichkeit ganz nah beieinander: „Zauber für Mamma Maria / hier gilt die vergessene Litanei / der Rosenkranz / wahrlich / ist eine erstaunliche Kette /".

Und dann steht er wieder da, der Satz: „Das Meer ist ein Gerücht." In der Mitte des Buches

taucht er auf als erster Vers des „Lido di Ostia"
betitelten Gedichtes.

Aha, so meinen wir - das ist die Erklärung. Bekanntlich lag Ostia einmal am Meer. In diesem
Gedicht kommt Rom und nicht nur Rom, sondern
unsere gesamte zivilisatorische Welt ganz anders
daher.

Es ist hart und kalt, ist Anklage einer Welt, die
so ist, wie sie sich uns heute präsentiert: „Flüssi-
ges Blei ist das Meer" - „Es hat keinen Geruch" -
„Vielleicht ist das Meer hier / ein Zufall, wie Menschen / oder ein nächtlicher Totschlag, // oder das
Meer ist nur da, / damit dieses Gewucher irgendwo
endet, / Stein, Abfälle, hartes Gras."

Dieses Gedicht schockiert. Apokalyptische
Schreckensbilder auch im zugeordneten Text von
Pier Paolo Pasolini. Doch Tina Stroheker mag das
Schreckliche so nicht stehen lassen.

Sie läßt am Ende des Gedichts einen Glauben
anklingen, eine Hoffnung - und sei es nur die, daß
das Meer eben doch kein Gerücht sei: aber das
Meer hat wirklich auch am Horizont eine silberne
Spur und / auf Wellen verblassende Schiffe, //
die sind aus den Fenstern der Wohnblocks / lange zu sehen."

Ist es ein Zufall, daß nach dieser Mitte in den
Gedichten Helligkeit vorherrscht? „an Särge dach-
te ich hier / Sarkophage aus Licht" - „Soviel Sonne
wie dort gab es nirgends" -„Morgen winken wir
wieder, / ein archaisches, flüchtiges Bild."

Auch Traum, auch Magie? - Eine solche Stadt stimmt heiter, läßt manchmal Zweifel an der Wirklichkeit aufkommen, „Ob ich wahrhaft anwesend war?". Der Aufenthalt im Süden, im Licht, „ein geschenktes Jahr lang", ihr „Arbeitsplatz im Süden" hat auf die Dichterin lange nachgewirkt, daß sie uns nun - drei Jahre danach - einen solch schönen Gedichtband vorlegt. Die leicht dahingetupften zeichnerischen (graphischen) Strukturen verleihen den Texten zusätzlich etwas Schwebendes, Leichtes, Lichtvolles.

Tina Stroheker, 1948 in Ulm geboren, hat bisher sechs Gedichtbände publiziert. 1981 erhielt sie den Leonce- und-Lena-Förderpreis und 1986 das Stipendium Villa Massimo. Ihre Sprache ist in diesem 7. Band noch ausgereifter.

In diesen „Texte(n) eines römischen Jahres", wie der Untertitel heißt, geht es nicht um flüchtige Momentaufnahmen. Man merkt es den Gedichten an, daß sie Zeit hatten, in Ruhe geformt zu werden.

Das liest sich dann leicht und selbstverständlich und hat oft einen schönen Klang, einen «reichen Rhythmus: „gegen Abend / liegt Sonne / zwischen den Stämmen / hier saß ich lange / hier ruhte ich aus".

Die Beschreibungen von Plätzen, Menschen, Begegnungen schildern in einer klaren, abgerundeten Sprache vielfach Alltägliches.

Aber wie es geschieht, aus der Sicht eines zum Staunen fähigen Menschen, eröffnet es auch dem Leser eine neue Sehweise.

Das Abschlußgedicht mit dem Titel „Ins Licht" spricht von der veränderten Sicht durch die Realität von damals:" und immer / wie neu entschieden / ein Standbild das Schritte kann / ... und anderen Augen / voll Nachsicht geschichts-los / eintretend ins Licht / bei den Ruinen".

Die beständige Abfolge von Transparenz und Festigkeit, der Wechsel von Undeutlichem zu Deutlichem, die Strenge der Schrift und die Leichtigkeit der Zeichen entsprechen in vollkommener Weise ihrem Gegenstand. Das Zusammenfließen von Form und Inhalt ist in diesem Buch in seltener Schönheit gelungen.

Tina Stroheker: Das Meer ist ein Gerücht, Texte eines römischen Jahres. Gestaltung von Frieder Kerler. Heraasgeber: Künstlergruppe SPEKTRUM, Göppingen; Elster Verlag, Bühl-Moos, 1989, Pappeinband, bibliophile Ausgabe, 60 Seiten

Eva Zeller

Sie wurde am 25. Januar 1923 in Eberswalde geboren, lebte bis 1956 in der DDR, anschließend sechs Jahre in Namibia und in der Bundesrepublik. Die Lyrik und die Prosa der Schriftstellerin Eva Zeller ist geprägt durch ihr unerschütterliches Festhalten an Glaube, Hoffnung und Liebe.

Eva Zeller studierte Germanistik und Philosophie in Berlin, Greifswald und Marburg und war als Lehrerin in der DDR tätig. Mit ihrem Mann, dem Pfarrer Reimar Zeller, ging sie 1956 nach Namibia, wo sie prägende Eindrücke erfuhr, die sie später in ihren ersten Büchern verarbeitete.

Doch bevor ihr erstes Buch erschien - sie war da bereits 42 Jahre alt -widmete sie sich ihren Aufgaben als Pfarrfrau und Mutter von vier Kindern. Die räumliche Nähe zu ihren Kindern und Enkeln in Berlin ist ihr, wie sie mir bei meinem Besuch in ihrer Friedenauer Altbauwohnung erzählt, auch heute noch besonders wichtig.

In ihrem 2006 erschienenen Gedichtband „Das unverschämte Glück" legt die Dichterin Eva Zeller ein poetisches Bekenntnis zu ihrem christlichen Glauben ab. Der Titel des Bandes entstammt dem programmatischen Gedicht „Bibellesen": „Nicht daß ich es/nur lese um es/zu lesen//Ich habe das/unverschämte Glück/am Tropf dieser/Worte zu hängen".

Ein gutes Drittel der Gedichte ist so genannte geistliche Lyrik, bei der sich Zeller biblischen Themen zuwendet, was auch schon Gedichttitel wie Gloria, Petrus, Sternkrippe, Brannte nicht unser Herz verraten.

Der Band - mit einem Vorwort des EKD-Ratsvorsitzenden Bischof Wolfgang Huber versehen -konnte, wie Eva Zeller mir schrieb, nicht in ihrem Stammverlag Deutsche Verlags-Anstalt (DVA) erscheinen, da man dafür „keine Marktlücke" sah. Überhaupt, so schrieb sie weiter, habe sie den Eindruck, dass „immer weniger Menschen ‚sich nach dem Kleinod ausstrecken' (um Paulus zu zitieren)".

In einem Gespräch sagte Eva Zeller einmal: „Wissen Sie, ich mag den Begriff ‚christliche Literatur' nicht besonders. Aber für mich ist ein Hauptthema - je älter ich werde, desto mehr - diese ‚geistliche Lyrik', weil ich der Meinung bin, dass das Alte und Neue Testament Auskunft gebend eine Basis ist, die für mich unentbehrlich ist."

Eine Replik auf Bertolt Brecht aufnehmend, der auf die Frage, welches Buch er auf eine einsame Insel mitnähme, antwortete: „Sie werden lachen, die Bibel", schreibt Eva Zeller in einem Gedicht: „... Sie werden lachen:/die Bibel, ein Buch/zum Verschlingen, / Himmelherr-gottnochmal,/und ich bin/höllisch froh,/dass es dermaßen/dick ist."

Dieser Ton, der auch die Berlinerin mit ihrem feinen Humor erkennen lässt, ist typisch für Eva Zeller. Auch in ihren geistlichen Gedichten verkündet sie keine Wahrheiten, gibt keine wohlfeilen Antworten auf existentielle Fragen. Sie sind alles andere als betulich, spielen mit Brechungen bekannter, oft allzu bekannter Bibel- und Liedstellen, die plötzlich in neuem Licht erscheinen.

Wie Zeller „frommes" Gedankengut in moderner Sprache zu transportieren versteht, ist überzeugend. Denn hier wird deutlich, dass Modernität und Religiosität keine Gegensätze sein müssen.

Sie ist eine Frau von großer Empathie, das merkt man im Gespräch und aus dem, was und wie sie schreibt. Mitfühlen, Mitleiden, „Stellprobe für/fast so etwas/wie Erbarmen", wie es in einem ihrer Gedichte heißt, das Ringen um Sprache für scheinbar Unsagbares, das Herausheben von alltäglichen Begebenheiten aus der Belanglosigkeit bereichern den Leser ihrer zurückhaltenden Prosa und ihrer lange nachklingenden Gedichte.

„Sage vom Ganzen/den Satz, den Bruch,/das geteilte Geschrei", diese Verse von Ernst Meister als Motto ihres vorletzten Gedichtbandes „Stellprobe" (1989) sind die Denk- und Arbeitsbedingungen der Dichterin Eva Zeller, und sie nimmt uns hinein in die Suchbewegungen eines Menschen, der auf Sprache angewiesen ist und auf Mitmenschlichkeit zielt.

Die Dimension des Glaubens erfuhr Eva Zeller in ihrer Kindheit während der Gottesdienste, die sie mit ihrer Großmutter besuchte. „Indem ich meine Großmutter jeden Sonntag in die Kirche begleitete, habe ich dort gespürt, in den Liedern und in der Liturgie, dass hier eine Seelensprache gesprochen wurde - gegen das Gebrüll der Nazis. Ich hatte also eine Gegensprache. Im Nachhinein bin ich dafür sehr dankbar", erzählt sie.

„Mein Leben, zeigt sich, wäre wie nicht gelebt ohne die Worte, die das Kind auf der Empore (l. S.) zum ersten Mal hörte, ein reich beschenktes, das sich nicht wird entschließen können, wieder ärmer zu werden." Wunderbar beschreibt Eva Zeller diese kindliche Glaubenserfahrung und -gewissheit, die ihr nie mehr verloren gehen sollte: „Wenn irgendwo Vergangenheit anfängt, gegenwärtig zu werden, dann hier... dass die Zufälligkeit meiner Existenz von Licht und Gegenlicht aufgehoben wäre ... mir Vorschläge noch und noch gemacht, die einleuchtend genannt werden müssen in einem wesenssteigernden Sinne."

Eva Zeller ist eine sehr wache Frau, der man ihr Alter nicht ansieht. Für sie, die in drei Diktaturen gelebt hat - der der Nazis, der in der ehemaligen DDR und der der Apartheid in Südwestafrika-, ist die Demokratie ein unschätzbarer Wert: „Auch wenn bei uns das Geld regiert, so kann man doch wenigstens sein Maul aufreißen und sagen, was einem nicht gefällt."

Die allen Diktaturen innewohnenden Strukturen von Unmenschlichkeit verarbeitete Eva Zeller in ihren Büchern. Es geht ihr dabei um Genauigkeit und Wahrhaftigkeit der Wahrnehmung, mit denen sie in stimmigen Bildern, ironischen Brechungen, markant und mit unbestechlichem Blick, nüchtern und gleichzeitig ihre innere Betroffenheit nicht verbergend Alltagsgeschehnisse, scheinbar private Schicksale aus Vergangenheit und Gegenwart schildert.

Gefrorenes Meer

„Ein Buch soll nach Franz Kafka die Axt sein für das zugefrorene Meer in uns, für das zufrierende Meer der Erinnerung und das zufrierende des Gewissens", schreibt Zeller und kennzeichnet damit zugleich ihre eigene Schreibhaltung.

Die Romane „Das versiegelte Manuskript"
(1998), die beiden autobiographischen Romane
„Solange ich denken kann" (1981) und „Nein
und Amen" (1986), aber auch viele ihrer Erzählungen und Gedich- te widmen sich dieser Erinnerungsarbeit über die Grauen der Nazidiktatur. Viel
Mut und große Ehrlichkeit gehören zur Schilderung einer Zeit, in der man nicht auf der Seite der
Opfer war, sondern zum Mitläufer in einem men-
schenverachtenden System wurde. Eva Zeller hat
lange gebraucht, bis sie sich dieser „Gedächt-
nistortur" unterzog.

Aber sie merkte, dass „der Stoff sich seinen Autor sucht, ihn heimsucht und sich ihm so lange in
den Weg stellt, bis dieser sich entschließt, ihn zur
Sprache zu bringen." Sie lieferte keine geschönten
oder verharmlosenden Schilderungen der Nazizeit.
In ihrer konsequenten Auseinandersetzung mit
der Nazi-Ideologie schont sie auch sich selbst
nicht. „Man war jung. Ein Satz, den man oft hört,
wenn von jenen fatalen Zeitläufen die Rede ist.
Man war jung. Ein Satz, der um Nachsicht bittet."
Nein, um Nachsicht wird an keiner Stelle gebeten, aber es wird nachvollziehbar, wie ein totalitäres
Regime auf perfide Weise den Idealismus von jungen Menschen für seine Zwecke ausbeutet. Denn
Eva Zeller ist überzeugt, „dass wir mit den Jahren
nicht weniger, sondern immer mehr zu tun haben

mit dem tragischsten Jahr-zwölft unserer Geschichte".

„Wer ein Stück eigener Biographie zu schreiben versucht, spreizt sich allemal als Alleswisser." Gerade dieser Versuchung widersteht Eva Zeller mit ihrer umfassenden und eindringlichen Wahrheitssuche. Es ist erstaunlich, wie echt ihr die Beschreibungen von Stimmungen, Gerüchen, Klängen, Farben, Redensarten aus einer lang vergangenen Zeit geraten.

Nur mit Hilfe einer schonungslosen Genauigkeit kann gelingen, was Eva Zeller dem Roman „Solange ich denken kann" als Motto voranstellt: „Wer die Vergangenheit verleugnet, ist in Gefahr, sie zu wiederholen (George Santayana)." Auch in ihren Erzählungen ergreift Zeller Partei für die Ausgebeuteten, Scheiternden und am Rand Stehenden. So behandelt sie in ihren Erzählbänden „Das Sprungtuch" (1981), „Tod der Singschwäne" (1983) und „Dreißig Worte für Liebe" (2003) so vielfältige aktuelle Themen wie Umweltzerstörung, Asylanten- Schicksale, Flüchtlingsnot, Probleme im wiedervereinigten Deutschland oder die Entfremdung zwischen den Generationen.

Bezeichnend für Eva Zeller ist, dass sie nie Schuld zuweist, es vielmehr dem Leser überlässt, nachdenklich zu werden und seine eigenen Schlüsse zu ziehen. Obwohl sie packend und poetisch - sinnlich, in knapper Diktion, manchmal parodistisch amüsant und nie vom Katheder der Besserwisserin erzählt, was Menschen einander an Leid zufügen können, wie sie von sozialen und politischen Verhältnissen bis an den Rand der Verzweiflung und Zerstörung getrieben werden, aber auch zu Tätern werden können, wäre es dennoch verfehlt, ihre Literatur als „engagiert" zu bezeichnen. Diesem Etikett haftet etwas Missionarisches an, das ihren Geschichten und Gedichten völlig fehlt.

Was diese unterschiedlichen Schicksale in seismographisch genauem Zeit-und Lokalkolorit so nachvollziehbar macht, ist die Tatsache, dass sich die Autorin auf die Ebene ihrer Protagonisten begibt, dass sie gleichsam aus der Mitte ihrer Personen heraus deren Handeln beschreibt. Da ist kein Platz für Moralpredigt, Schuldzuweisung oder auch nur Lösungsangebot.

So erlebe ich Eva Zeller auch im persönlichen Gespräch. „Ich bin ein Augenmensch", sagt sie. Und deshalb kann sie gar nicht anders, als genau hinzuschauen, was sie übrigens auch zu wunderbaren Naturbeschreibungen befähigt. „Das habe ich meiner Großmutter zu verdanken", erzählt sie, „die konnte sehen, und sie hat mir unendlich viel erzählt. Dafür kann man gar nicht dankbar genug sein." Dieses lebendige Erzählen der Großmutter muss in ihr tatsächlich lange und intensiv nachgewirkt haben, so dass sie eines Tages selbst zu er-

162

zählen anfing, zuerst von fremden Schicksalen und dann, nach vielen Jahren der Distanz von ihrer eigenen Biographie.

Beeindruckend ist auch die Schilderung, wie sie als junge Germanistikstudentin dem durch die Nazis zwangsemeritierten katholischen Religionsphilosophen Romano Guardini bei mehreren Vorträgen in Berlin begegnet, diesem, wie sie schreibt „hingerissenen, sich preisgebenden Gottesnarr, der Maßstäbe setzt für unsere verstauchten Gewissen".

In ihrem neuen Gedichtband führt Zeller vor, was bereits in ihren früheren Büchern Basis ihrer Dichtung war: ihr unerschütterliches Festhalten an Glaube, Hoffnung und Liebe als Voraussetzungen für eine gelebte Humanität.

Liebe Glaube, Wahrhaftigkeit und Menschlichkeit, das sind Tugenden, die Eva Zeller in ihren Büchern vermittelt. Ein Gegenkonzept zu einer Welt, die weitgehend von materiellen Gütern bestimmt wird. „Jeder steuert an jedem vorbei ... Was wollen wir? Jedenfalls keine metaphysischen Träume und Tränen, keine unerwarteten Antworten von Leuten, die uns aus dem Konzept bringen", schreibt sie in dem Roman „Die Lutherin - Spurensuche nach Katharina von Bora". In diesem Roman hat sie sich umfassend und komplex auch mit der Sprache der Bibel auseinandergesetzt. Das Buch wurde zu einem großen Erfolg und bescherte der Autorin einen theologischen Ehrendoktor. Ihr Werk wurde im Übrigen mit vielen bedeutenden Preisen ausgezeichnet: Droste-Preis, Ida-Dehmel-Preis, Eichendorff-Preis unter anderen. Außerdem ist sie Mitglied der Schriftstellervereinigung PEN und der Deutschen Akademie für Sprache und Dichtung. 2007 erhielt sie für ihre Lyrik den Paul-Gerhardt-Preis.

Was Eva Zeller über Romano Guardini sagt, scheint auch auf sie selbst zuzutreffen: Sie ist eine moderne Gottesnärrin. Jedenfalls ist das Bewusstsein, in den Verheißungen der Bibel bei allen äußerlichen Wirren zuverlässig aufgehoben zu sein, überall spürbar in ihrem Werk. „Das unverschämte Glück", im Glauben geborgen zu sein, dazu laden die Gedichte Eva Zellers ein, bis hin „zu dem großen Finale/wo alle Register/gezogen werden/Zungen- und Lippenpfeifen/Bläser und Streicher/bis zu dem ohrenbetäubenden/dreitönigen Schlußsatz/immerdar".

Eva Zellers Bücher sind geprägt von ihrer umfassenden und eindringlichen Wahrheitssuche. Nur mit Hilfe einer schonungslosen Genauigkeit konnte gelingen, was sie dem Roman ‚Solange ich denken kann' als Motto voranstellt: ‚Wer die Vergangenheit verleugnet, ist in Gefahr, sie zu wiederholen' (George Santayana).

Eva Zeller hat mit dieser Erinnerungsarbeit

viel geleistet, einmal für ihre Generation, in der noch oft die Grauen der Nazidiktatur unter den Teppich gekehrt werden. Besonders aber für die nachgewachsenen und nachwachsenden Generationen. Denn aus dem Geschilderten kristallisiert sich wie ein Menetekel die Warnung heraus: Seid auf der Hut! Wehret den Anfängen schleichender Verführung! Und sie sieht es als ihre Aufgabe an, diese notwendigen Erinnerungen gerade auch im Bewusstsein der nachgewachsenen Generationen zu verankern, sie dem Vergessen zu entreißen.

Und da war und ist noch eine andere Dimension, die für Eva Zeller von Kindheit an große Bedeutung hat: die des Glaubens, der sich durch ihre fromme Großmutter auf sie übertrug und bleibend einnistete. Diesen lässt sie in allem, was sie schreibt, durchscheinen, am schönsten in ihrer Lyrik. „Wissen Sie, ich mag den Begriff ‚christliche Literatur' nicht besonders", sagt Eva Zeller in unserem Gespräch. „Aber für mich ist ein Hauptthema, je älter ich werde, desto mehr, diese ‚geistliche Lyrik', die ich mache, weil ich der Meinung bin, dass das Alte und Neue Testament – Auskunft gebend – eine Basis ist, die für mich unentbehrlich ist." So legt Eva Zeller in ihren Gedichten ein poetisches Bekenntnis zu ihrem christlichen Glauben ab.

Allerdings scheint es eine existentielle Lyrik schwer zu haben im so genannten Literaturbetrieb. Und so erschienen ihre letzten drei Lyrikbände in unterschiedlichen Verlagen, 2006 im Radius Verlag „Das unverschämte Glück", 2011 im Verlag Sankt Michaelsbund „Was mich betrifft" und nun zu ihrem 90. Geburtstag im Athena Verlag der Lyrikband „Hallelujah in Moll".

Wie Eva Zeller ‚frommes' Gedankengut in moderne Sprache zu transportieren versteht, ist überzeugend. Denn hier wird deutlich, dass Modernität und Religiosität keine Gegensätze sein müssen.

In einem Gedicht heißt es: „Nicht dass ich / es lese, um es / zu lesen, ich // habe nur das / unverschämte Glück, / am Tropf dieser Worte zu hängen." Und eine Replik auf Bertold Brecht aufnehmend, der auf die Frage, welches Buch er auf eine einsame Insel mitnähme, antwortete: „Sie werden lachen, die Bibel", schreibt Eva Zeller: „...Sie werden lachen: / die Bibel, ein Buch / zum Verschlingen, / Himmelherrgottnochmal, / und ich bin / höllisch froh, / dass es dermaßen / dick ist." Dieser Ton, der irgendwie auch die Berlinerin mit ihrem feinen Humor erkennen lässt, ist typisch für Eva Zeller. Auch in ihren ‚geistlichen' Gedichten verkündet sie keine Wahrheiten, gibt keine wohlfeilen Antworten auf existentielle Fragen. Sie sind alles andere als betulich, spielen mit

Brechungen bekannter, oft allzu bekannter Bibel- und Liedstellen, die plötzlich in neuem Licht erscheinen.

Allerdings macht es die Autorin traurig, dass „immer weniger Menschen, sich nach dem Kleinod ausstrecken' (um Paulus zu zitieren)", dem Kleinod der Bibel, dem Kleinod der Verheißungen. Mit der Spurensuche nach Katharina von Bora, der Frau Martin Luthers, hat sich Eva Zeller umfassend auch mit der Sprache der Bibel auseinandergesetzt. Der Roman ‚Die Lutherin' bescherte der Autorin die Vergabe des ‚doctor theologis honoris causa'.

Ihren Kindern wird sie keine materiellen Güter hinterlassen. „Ich hätte euch gerne / etwas vererbt ein / Grundstück zum Beispiel / so lang und so breit / wie das Revier das / die Amsel besingt". Stattdessen vermacht sie ihnen und auch ihren Lesern etwas viel Wertvolleres: den Duft der Levkojen, das Amsellied ... Türen, die sich in immer neue Freiräume öffnen, und den Appell zu Mut und Wahrhaftigkeit.

„Hallelujah in Moll" – so der Titel ihres neuesten Gedichtbandes - beschreibt treffend ein Paradoxon, das die Gedichte von Eva Zeller kennzeichnet. Lobgesang trotz auch vorhandener Zweifel und erlittener Ängste und Verluste, die die Dichterin zu einer Hoffnung aus dem Glauben befähigt. Wunderbar kommt diese Lebenseinstellung und Weisheit in einem Gedicht zum Ausdruck, das sie ihrer Großmutter widmet: „Versprich mir daß/du mir soufflierst/wenn mir zu guter Letzt/am allerbängsten/wird um das Herze sein/du weißt die Verse/aus der Schrift die mir/die Hoffnung geben/daß dieses Licht/vom unerschaffnen Licht/das nun hereinbricht/besser ist als Leben". Eine Würdigung zum 90. Geburtstag der Dichterin hat der Theologe Richard Riess als Vorwort beigesteuert, und man kann ihm nur zustimmen, wenn er schreibt: „Es ist alles andere als reine Rhetorik, es ist dies die Reife eines ganzen Lebens und die Reife eines gelebten Gottvertrauens".

Eva Zeller: Das unverschämte Glück. Radius-Verlag, Stuttgart 2006; 79 Seiten

Eva Zeller: Was mich betrifft, Gedichte und Balladen, Verlag Sankt Michaelsbund, München 2011, 119 Seiten
Eva Zeller: Hallelujah in Moll, Gedichte, Athena Verlag, Oberhausen, 108 Seiten

Annemarie Zornack

Es ist bereits die fünfte Gedichtsammlung, die die Düsseldorfer Eremiten-Presse von Annemarie Zornack herausbringt. Fröhlich sonnenblumengelb leuchtete eine ganze Regalwand des neuen Bandes „hexennest" dem Besucher der letzten Frankfurter Buchmesse entgegen. Die Offsetlithographien der Künstlerin Malgorzata Maria Meirah Buras mit aufklappbaren dreiseitigen,kindlich anmutenden Bildern markieren Kapitelüberschriften: „sonderbarer Vorgang", „beinahe ortsansässig", „auflandiger wind" und zusätzlich zwei besonders anrührende Gedichte, die einer kranken Freundin gewidmet sind. Annemarie Zornack wünscht dieser „den gewaltigsten/ vogelfederfächer/ damit er dir/ die fehlende/ luft zufächelt" (genesungswunsch).

Doch - frech und witzig sind sie noch immer, die neuen Gedichte der Zornack, wenn auch von einer unüberhörbaren Melancholie, mit der die Lyrikerin ihre Menschenliebe zu tarnen versucht. Sie erzählt uns von einem Obdachlosen, „der die hunde die/ sein butterbrotpapier/ beschnuppern fast alle/ schon beim namen kennt" (city-ge-dicht) und von einem Türken, „der dir/ vor der geschlossenen/ auskunft/ auskunft gibt" (du kommst an), von ihrem vergeblichen Wunsch nach einem eigenen Balkon, weil sie die Frisch-luft im Wohnbereich so dringend benötige.

Und natürlich ist auch die heimatliche Land-schaft der Kieler Förde wieder vertreten, diese Kulisse für Zornacks heiter-ernste Reflexionen. Der Reiz dieser luft-leicht sich präsentierenden Verse, denen die Farblithographien ganz ausge-zeichnet entsprechen, liegt in der unauf-dringlichen Mitteilung existenti-eller, offenbar erfahrener Wahrheiten: „das kind das ich war/ erblickt die frau/ die ich bin// erschrick nicht/ hör auf/ zu schreien/ ich bins doch nur// ich" (vor dem abbruch).

Kinderland, Kindheitserinnerungen und -bilder purzeln, zusammen mit den Zeichnungen, aus dem schönen Band und kontrastieren seltsam zu Gedichten traurigen Inhalts, zum Beispiel in dem Gedicht „als ich noch lebte, MEINER MUTTER": .... nun schlurft sie zitternd/ hinter einem gehwagen/ her und nie/ betätigt sie die bremsen/ (um die gummiräder/ zu schonen)// ... Volksmusik/ - meinte sie neulich-/ ja die mochte ich gern/ damals/ als ich noch lebte".

Annemarie Zornack bündelt in diesem Band einmal mehr ein Kaleidoskop erfahrener Welt, durch die Brille einer Weisen oder eines Kindes gesehen, was vielleicht dasselbe ist, gesehen mit der Ausdruckskraft dessen, der hinter die Dinge zu sehen vermag, wie es für mich am

Annemarie Zornack ist soeben (März 1998) mit dem Kulturpreis der Stadt Kiel ausgezeichnet worden, der zuerst an Emil Nolde verliehen worden ist und zu dessen literarischen Trägern Wilhelm Lehmann, Hans-Jürgen Heise, Wolfdietrich Schnurre gehören, doch auch internationale Persönlichkeiten wie der koreanische Komponist Isang Yun und der Architekt des wiedererrichteten Warschau.

Mit dem Band „strömungsgefahr" legt die Eremiten-Presse bereits den sechsten Gedichtband der Lyrikerin Annemarie Zornack vor. Erst vor zwei Jahren erschien dort der schön gestaltete Band „hexennest". Bei dem neuen handelt es sich um einen Sammelband mit Gedichten aus über dreissig Jahren.

Chronologisch angeordnet lässt sich die Entwicklung der Zornackschen Poesie darin verfolgen. Viele der frühen Gedichte, beginnend mit dem Jahr 1961, sind mit mehreren Jahreszahlen versehen, d.h. die Autorin hat sie im Laufe der Jahre überarbeitet. Wer nun meint, sie habe viel an ihren frühen Gedichten verändert, kann sich schnell - wenn er die Originale aus der Zeit zur Hand nimmt -davon überzeugen, dass Annemarie Zornack es mit dem Wort sehr genau nimmt: Oft ist nämlich nur ein einziges Wort im Gedicht ausgetauscht worden.

In dem Gedicht „im prado", welches ursprünglich „besuch im prado" betitelt war, heisst es in der mittleren Strophe: „man hat mir den blick / verstellt" gegenüber der Ursprungsfassung: „man hat mir die äugen / verschüttet". Ich gestehe allerdings, dass mir die erste Ausdrucksform besser gefällt.

Konsequent durchgehalten hat Annemarie Zornack seit den Anfängen die Kleinschreibung, wie überhaupt gerade in diesem, eine fast 40jährige Zeitspanne umfassenden Sammelband ersichtlich ist, dass die Autorin schon in ihrer lyrischen Anfangsphase zu erstaunlich sicheren Bildern greift und damit bereits ihren eigenen Sprachduktus gefunden hat. Man muss diesen lakonischen Stil mögen. Er verführt nicht zum Träumen, wohl aber zum genaueren Hinsehen und Hinhören.

Persönliches kann man erfahren über die Lyrikerin selbst, über ihre Umgebung, ihre Reisevorlieben und -eindrücke, über alltägliche Begebenheiten, die jedem widerfahren können, die man aber selten in so schön verpacktem Wortwitz, in solch skurrilen Momentaufnahmen wiederfindet. Ein zutiefst anrührendes Gedicht über die Mutter findet sich bei den allerletzten, bisher unveröffentlichten, dieses Bandes. Hatte Annemarie Zornack in ihrem letzten Gedichtband noch zärtlich-humorvoll die Mutter in ihrer Gebrechlichkeit bedichtet „nun schlurft sie zitternd / hinter einem gehwagen / her und nie / betätigt sie die bremsen / (um die gummiräder / zu schonen)", so scheint in diesem Gedicht über die inzwischen verstorbene Mutter eine ergreifende Trauer hindurch: „mutter wir haben / unser verschwiegenstes / grab niemand / kennt es denn / es ist überall". Diese Strophe wird leitmotivisch - fast wie in einem Kirchenlied - dreimal wiederholt, am Anfang, in der Mitte und am Ende. Dazwischen zwei Strophen, tröstend und von einer unvergleichlichen Zartheit, die Annemarie Zornack normalerweise in ihren Gedichten hinter Ironie, Witz und Verfremdung versteckt. Da heisst es: „es bettet dich / in den wipfeln / der bäume verbirgt dich / noch unter / den zierlichsten / veilchen". So viel Gefühl gestattet sich die Zornack nur äusserst selten. Typischer für die Poetin, die einmal gesagt hat, dass sie gegen „die Vergänglichkeit und Trägheit der Gefühle" anschreibe, ist ein Gedicht wie dieses: „entziffre gerade / die verschnörkelte / Inschrift / und stelle fest: / der alte dorfbrunnen / mit der angeketteten / Schöpfkelle / ist vier jähre / jünger als ich" *(erschrecken)*.

Eine solch poetische Artistik schafft Distanz zum eigenen Erleben und beugt der Sentimentalität vor. Es ist eine Poesie des Alltäglichen, die durch die Verknappung, die Reflexion, die ihr zugrundeliegt, alles andere als alltäglich ist.

Erstaunlich, wenn man frühe Gedichte von Annemarie Zornack (wieder) liest, wie zu-kunfteinbeziehend, wie lebenausfüllend die Verse einer damals noch jungen Frau schon waren: „ich brauche / um die leere des raumes / zu übersehen / mein ganzes leben" *(entwicklung*en) und „andere bauen ihr leben aus / ich arbeite an meinem tod" *(monotonie)*.

Dass hinter solchen Versen sich ein lyrisches Ich offenbart, das sich schon früh den wesentlichen Dingen des Lebens zugewandt hat, auch wenn die oft saloppen, manchmal parodistischen Gedichte das nicht auf den ersten Blick ahnen lassen, dies in diesem umfangreichen Sammelband erkennen und nachvollziehen zu können, macht ihn auch für den, der bereits einzelne Gedichtbände von Annemarie Zornack kennt, zu einem wertvollen Buch.

Annemarie Zornack: strömungs-gefahr. Gedichte. Eremiten-Presse Düsseldorf, 1999. 293 Seiten

„Ich suche schreibend die Begegnung mit dem Menschen im Menschen", so hat die Lyrikerin Annemarie Zornack, die am 12. März 2002 ihren 70. Geburtstag feiert, einmal den kommunikativen Brückenschlag genannt, den sie mit ihren Gedichten zum Leser oder Zuhörer anstrebt. In einer poetologischen Nachbemerkung zu ihrem Gedichtband „die langbeinige Zikade" (1985) äußerte sie sich zu ihrem Schreiben folgendermaßen: „Ich bin mehr an Menschen, Tieren und

175

Pflanzen interessiert als an Begriffen, bedeutenden Ereignissen, großen Ideen...Schreiben hat für mich mit Zuneigung zu tun. Und es ist gegen die Vergänglichkeit und die Trägheit der Gefühle gerichtet. Man kann im Gedicht bestimmte Augenblicke und intensive Erlebnisse festhalten. Und man kann das Leben um das erweitern, was in der Wirklichkeit fehlt."

Diese Selbstaussagen umreißen eine Poetik der 1932 in Aschersleben geborenen Dichterin Annemarie Zornack, die 1968 gleich mit zwei Gedichtbänden „mobile" und „zwei sommer" debütierte, in einer hochpolitisierten Zeit also, in die hinein sie ihre von subjektiver Erfahrung geprägten Gedichte der Öffentlichkeit vorstellte. Um so erstaunlicher auch, daß diese und auch die folgenden in avantgardistischen Kleinverlagen erschienenen Bände sofort auf Beachtung und Anerkennung stießen.

Annemarie Zornack verbrachte ihre Schulzeit in Magdeburg und kehrte nach einer Evakuierungszeit in der Oberlausitz 1945 in ihre Geburtsstadt zurück. 1953 übersiedelte sie nach Kiel, wo sie seitdem mit ihrem Ehemann, dem Lyriker und Essayisten Hans Jürgen Heise, lebt.

Anfänglich noch in ihrem Beruf als Krankenschwester arbeitend, war Zornack, vielleicht ohne daß es ihr bewußt war, schon Schriftstellerin, ohne jedoch an Veröffentlichung zu denken. Vielmehr ging sie mit ihren Notaten, auf Zettel notierten Eindrücken und Beobachtungen, recht sorglos um.

Sie las sie nur einigen wenigen Menschen vor, vergaß sie bald und warf sie achtlos fort. Das änderte sich erst nach ihrer Heirat 1961, als ihr Mann sie darin bestärkte, ihre schriftlichen Äußerungen nicht länger als Belanglosigkeiten anzusehen. Schon zwei Jahre später wurden erste Arbeiten von Zornack im „Simplicissimus" veröffentlicht.

Seitdem hat Annemarie Zornack über ein Dutzend Lyrikbände publiziert. Ihre Texte wurden vertont und in zehn Sprachen übersetzt. 1979 wurde sie mit dem Preis der Friedrich-Hebbel-Stiftung ausgezeichnet und 1998 mit dem Kulturpreis der Stadt Kiel. 1989 war sie Ehrengast der Villa Massimo.

Unvermindert gilt, was man den Zornackschen Gedichten seit ihren Anfängen bescheinigen muß: die Frische und Unverbrauchtheit ihres lyrischen Blicks, der vornehmlich Alltägliches zum Sujet nimmt, es oft ironisch bricht, ihre ungekünstelte, lakonische Sprachdiktion, die ihren Gedichten Leichtigkeit verleihen.

Der Wortwitz, der Gesehenes und Erlebtes manchmal ins Surreale umschlagen läßt, bewirkt beim Leser ein erstauntes Innehalten und Neubedenken vieler scheinbar unwichtiger Einzelheiten im täglichen Allerlei.

Konsequent durchgehalten hat Annemarie Zornack seit den Anfängen die Kleinschreibung. Unbeeinflußt von Modeströmungen ist sie ihrem anfänglichen Stil treu geblieben.

Die Lust an Beobachtung und Verfremdung, zur spielerischen Wendung, allem Schweren und Tiefschürfenden abhold, das Leichte, Ungekünstelte, eine zuweilen zärtliche Ironie, die stets ein Aufkommen von Sentimentalität verhindert, sind von Anfang an Markenzeichen Zornackscher Poesie.

In dem zuletzt erschienenen, eine fast 40jährige Zeitspanne umfassenden Sammelband „strömungsgefahr" (1999) wird ersichtlich, daß die Autorin schon in ihrer lyrischen Anfangsphase zu erstaunlich sicheren Bildern greift und damit bereits ihren eigenen Sprachduktus gefunden hat.

Man muß diesen lakonischen Stil mögen. Er verführt nicht zum Träumen, wohl aber zum genaueren Hinsehen und Hinhören. Bewußt bedient sie sich der Alltagssprache, denn, so bekennt Annemarie Zornack: „Stilistisch strebe ich Einfachheit an, die Vermittlung zwischen Bild und Small-Talk, Tagtraum und realistischer Selbstvergewisserung."

Persönliches kann man in den Gedichten erfahren über die Autorin selbst, über ihre Umgebung, ihre Reisevorlieben und -eindrücke, über alltägliche Begebenheiten, die jedem widerfahren können, die man aber selten in so schön verpacktem Wortwitz, in solch skurrilen Momentaufnahmen wiederfindet.

Ein zutiefst anrührendes Gedicht über die Mutter, findet sich bei den allerletzten, bisher unveröffentlichten dieses Bandes. Hatte Annemarie Zornack in dem vorherigen Gedichtband „hexennest" (1997) noch zärtlich-humorvoll die Mutter in ihrer Gebrechlichkeit bedichtet „nun schlurft sie zitternd / hinter einem gehwagen / her und nie / betätigt sie die bremsen / (um die gummiräder / zu schonen)", so scheint in diesem Gedicht über die inzwischen verstorbene Mutter eine ergreifende Trauer hindurch: „mutter wir haben / unser verschwiegenstes / grab niemand / kennt es denn / es ist überall" (überall).

Diese Strophe wird leitmotivisch - fast wie in einem Kirchenlied - dreimal wiederholt, am Anfang, in der Mitte und am Ende. Dazwischen zwei Strophen, tröstend und von einer unvergleichlichen Zartheit, die Annemarie Zornack normalerweise in ihren Gedichten hinter Ironie, Witz und Verfremdung versteckt. Da heißt es: „es bettet dich / in den wipfeln / der bäume verbirgt dich / noch unter / den zierlichsten / veilchen".

So viel Gefühl gestattet sich die Zornack nur äußerst selten. Typischer für die Poetin ist ein Gedicht wie dieses: „entziffre gerade / die verschnörkelte / inschrift / und stelle fest: / der alte dorfbrunnen / mit der angeketteten / schöpfkelle / ist vier jahre / jünger als ich" (erschrecken).

Eine solch poetische Artistik schafft Distanz zum eigenen Erleben und beugt der Sentimentalität vor. Es ist eine Poesie des Alltäglichen, die durch die Verknappung, die Reflexion, die ihr zugrundeliegt, alles andere als alltäglich ist.

Erstaunlich, wenn man frühe Gedichte von Annemarie Zornack (wieder)liest, wie zukunfteinbeziehend, wie lebenausfüllend die Verse einer damals noch jungen Frau schon waren: „ich brauche / um die leere des raumes / zu übersehen / mein ganzes leben" (entwicklungen) und „andere bauen ihr leben aus / ich arbeite an meinem tod" (monotonie)

Hinter solchen Versen offenbart sich ein lyrisches Ich, das sich schon früh den wesentlichen Dingen des Lebens zugewandt hat, auch wenn die oft saloppen, manchmal parodistischen Gedichte das nicht auf den ersten Blick ahnen lassen.

Obwohl sich die Lyrikerin Annemarie Zornack nicht als Theoretikerin der Poesie versteht, hat sie sich doch vielfältig zu ihrem Schreiben geäußert.

Dabei nennt sie literarische Vorbilder, z.B. den Lyriker William Carlos Williams. Ihre „eigentliche Inspirationsquelle war und ist jedoch nicht die Literatur, sondern das Leben".

Ausgehend von der Wirklichkeit schöpft sie ihre poetischen Bilder aus der Phantasie, dem Traum und dem Unbewußten. Der Zustand des Schreibens ist für sie folgerichtig ein „Heraustreten aus dem Zustand der Normalität".

Sehr schön hat die Lyrikerin auch formuliert, was für sie Voraussetzung für das Schreiben ist, nämlich „das Staunen, das die Routine aufhebt und die Realität entstaubt".

Genau das empfindet man als Leser ihrer Gedichte: eine Entschlackung von Welt, wodurch man mit neuem Blick auf Gewohntes zu schauen anfängt. Was die Gedichte von Annemarie Zornack so angenehm und liebenswert macht, ist ein vollständiges Fehlen von Belehrung, Sinnüberfrachtung oder auch Anklage.

Erwähnt sei noch, daß Annemarie Zornack zusammen mit ihrem Mann Hans-Jürgen Heise mehrere Bücher herausgebracht hat, darunter auch Prosabände wie die Reisebücher „Die zwei Flüsse von Granada" (1976), „Der Macho und der Kampfhahn. Unterwegs in Spanien und Lateinamerika" (1987) und als Herausgeber die Anthologie „Schon mal gelebt? Amerikanische Gedichte des 20. Jahrhunderts" (1991).

Kindlers Literaturgeschichte der Gegenwart urteilte bereits 1973 über Zornacks Poesie: „Man hat diesen den Gegenständen alle Schwere fortnehmenden Arbeiten eine Konzentration auf die Umwelt nachgesagt, die nie im Privaten steckenbleibe".

Und die „Encyclopedia of Continental Women Writers" (New York und London, 1991) bescheinigt der Dichterin „einen führenden Platz unter den deutschschreibenden Frauen", deren Reputation auch international zunehmend Bedeutung gewinnt.

Nachwort

Diese Sammlung vereinigt dreiundzwanzig Rezensionen und Porträts bekannter und weniger bekannter zeitgenössischer Lyriker und Lyrikerinnen, die von mir im Laufe von 35 Jahren für verschiedene Zeitungen und Zeitschriften verfasst wurden. Sie erhebt keinerlei Anspruch auf irgendeine Art der Vollständigkeit.

Wenn ich hier den Dichter Stéphane Mallarmé zu den zeitgenössischen Lyrikern zähle, so meine ich dies nicht im Sinne der zeitlichen Zuordnung zum 20. Jahrhundert. Bekanntlich hat Mallarmé seine richtungweisende Lyrik im 19. Jahrhundert geschrieben. Es scheint mir aber dennoch sinnvoll, ihn mit in diese Sammlung aufzunehmen, und zwar als einen der wichtigsten Wegbereiter der modernen Lyrik.

Hier nicht enthalten sind meine ausführlichen Arbeiten über Hans Bender, Hilde Domin, Günter Grass, Christian Lehnert und Dorothee Sölle, die bereits als eigenständige Bücher erschienen sind: so die Biografie über die Lyrikerin Hilde Domin „Hilde Domin – Dichterin des Dennoch" sowie Porträts in den sogenannten Doppelporträts in der Reihe „Zu Besuch bei".

Herta Müller und Peter Rühmkorf wurden, auch wenn beide in jeweils einem der Doppelporträtbücher behandelt sind, hier mit hineingenommen mit ihren, jeweils neuesten (H.M.) beziehungsweise letzten (P.R.) Lyrikerscheinungen.

Die vor der Rechtschreibreform entstandenen Arbeiten wurden in ihrer ursprünglichen Schreibweise übernommen.

Wenn man ein Motto, das in besonderem Maße für die Lyrik gilt, hervorheben sollte, so wäre es das von der Lyrikerin Rita Dove in einem Interview geäußerte: „Sprache ist alles."

In diesem Sinne wünsche ich den Lesern und Leserinnen dieser Sammlung, sich verführen zu lassen durch Sprache und, wie es der Lyriker Günter Kunert formulierte, „durch das dichterische Wort an das erinnern zu lassen, was wir rettungslos versäumt haben: uns den Traum zu bewahren, der Leben heißt."

Veröffentlichungsnachweis

Aichinger Ilse in Die Tagespost 29.10.2011

Dove Rita in Der Literat 6/1990

Drawert Kurt in Der Literat 10/1996

Fried Erich in Der Literat 10/2003

Hannsmann Margarete in Der Literat 9/1090 und 2/1991

Heise Hans-Jürgen in Der Literat 1/1997 und12/2002

Jaccottet Philippe in Der Literat 6/1993

Kaschnitz Marie Luise in Der Literat 5/2003 und 6/2003; Die Tagespost 09.10.2014

Komenda-Soentgerath Olly in Der Literat 4/1997

Kunert Günter in Der Literat 2/1989

Maiwald Peter in Der Literat 3/1996

Mallarmé Stéphane in Der Literat 7/1994

Meister Ernst in Der Literat 9/1991

Müller Herta in Die Tagespost 27.10.2012

Müller Inge in Der Literat 5/1998

Plath Sylvia in Die Tagespost 01.10.2013

Poschmann Marion in Die Tagespost
04.06.2016

Rühmkorf Peter in Der Literat 10/1999

Sörensen Levke in Der Literat 7/1990

Strittmatter Eva in Die Tagespost 08.01.2011

Stroheker Tina in Der Literat 7/1990

Zeller Eva in Die Tagespost vom 02.12.2006
und vom 26.01.2013

Zornack Annemarie in Der Literat 3/1998;
1/2000 und 3/2002

Pressestimmen

Die Autorin Ilka Scheidgen hat ein Talent, über das nur wenige Schriftsteller verfügen: Sie ist nicht „nur" Lyrikerin und Romanautorin, sondern auch eine gute Gesprächspartnerin, die sich anders als viele andere Autoren auch für das Leben ihrer schreibenden Kollegen interessiert. Unermüdlich war sie in den letzten Jahren unterwegs, um sich mit Günter Grass, Peter Härtling, Herta Müller, Peter Rühmkorf, Dorothee Solle, Arnold Stadler, Carola Stern, Martin Walser, Gabriele Wohmann und Eva Zeller in deren privaten Umfeld über Kernthemen der Literatur zu unterhalten. Und natürlich geht es um die Sprache, in der die Autoren jeder auf seine Weise diese Themen zur Darstellung bringen. Absichtslos hat sich denn auch Ilka Scheidgen ihren schriftstellernden Kollegen genähert, die daher auch nicht nach einer vermeintlichen Wertigkeit, sondern einzig alphabetisch geordnet im Buch auftreten. So entstanden gelungene Autorenporträts, die nicht nur informativ, sondern durch ihr hohes Maß an sprachlicher Reflexion auch sehr lesenswert sind. *Michael Thalken in Kölner Stadt Anzeiger*

Ilka Scheidgen hat sich der längst fälligen Aufgabe gestellt und eine Biografie der Dichterin Hilde Domin geschrieben.(...) Um Domins Plädoyer dafür, auch nach Auschwitz Gedichte zu schreiben und allen Erfahrungen zum Trotz die Hoffnung nicht aufzugeben, hervorzuheben, bezeichnet Scheidgen Domin im Untertitel als „Dichterin des Dennoch". Über die Erfahrungen des Exils hinaus sind es die nationalsozialistischen Verbrechen gewesen, die Domin darin bestärkt haben, für Freiheit und Menschlichkeit einzutreten. Zahlreiche Gedichte enthalten die Mahnung, die Geschichte und die Toten nicht zu vergessen, und die Hoffnung, dass die Erinnerung die Menschen vor einer Wiederholung solcher Verbrechen bewahren könnte. *Magret Karsch in konkret*

Biographische Details und eigene Beobachtungen hat Ilka Scheidgen in ihrem Buch „Hilde Domin. Dichterin des Dennoch" zusammengetragen. Die Autorin pflegte zwanzig Jahre Kontakt zu Domin und gibt viel von ihren Gesprächen preis, die die spätberufene Lyrikerin als lebhaften und warmherzigen Menschen zeigen, der viel über die Funktionsweisen der Gesellschaft nachgedacht hat. Domins persönliches Credo lautete, „nicht im Stich lassen. Sich nicht und andere". *Julia Bähr in Frankfurter Allgemeine Zeitung*

Die Biografin Ilka Scheidgen hat sich dieser Aufgabe, eine Biografie über die Schriftstellerin Gabriele Wohmann zu schreiben, mit Detailkenntnis und aus persönlicher Vertrautheit mit Gabriele Wohmann angenommen, sie hat viele Gespräche mit ihr geführt und Wohmanns Bücher achtsam gelesen. (…) Ilka Scheidgen versteht es, Grundintentionen von Wohmanns Schreiben ins rechte Licht zu rücken und deren kritisches psychologisches Porträt des Bildungsbürgertums auszudeuten. *Prof. Michael Braun in Medienprofile*

Hilde Domin, eine der großen lyrischen Stimmen der deutschsprachigen Literatur, ausgezeichnet mit namhaften Preisen, hat Gedichte geschaffen, die - einmal gelesen - für immer im Gedächtnis bleiben. Der Publizistin Ilka Scheidgen gelingt es in ihrer Biografie überzeugend Domins literarischem Werk gerecht zu werden. Anschaulich und detailreich werden einzelne Lebensstationen dokumentiert. Besonders spannend für alle, die Lyrik mögen, sind jene Passagen, in denen die Dichterin und ihre Interviewerin gemeinsam Gedichte zur Hand nehmen, sie analysieren und da und dort - beim Wiederlesen - neue Entdeckungen machen. *Heinz Janisch in Österreichische Bibliotheksnachrichten*

Inhaltsverzeichnis

© Ilka Scheidgen

Ilka Scheidgen schreibt Lyrik, Romane, Erzählungen, Essays, Rezensionen und Autorenporträts. Sie hat sich als Schriftstellerin und Publizistin in vielfacher Weise einen Namen gemacht.

Über Hilde Domin (1909-2016) und Gabriele Wohmann (1932-2012) hat Ilka Scheidgen die einzigen autorisierten Biografien veröffentlicht. Zuletzt erschienen von ihr fünf Bände mit Doppel-Porträts sowie das Porträt „Martin Walser – Der weise Mann vom Bodensee".

2002 wurde sie für ihr literarisches Werk mit dem Kulturpreis des Kreises Euskirchen ausgezeichnet.

Homepage der Autorin:
www.ilka-scheidgen.de